ちくま学芸文庫

素読のすすめ

安達忠夫

筑摩書房

まえがき

『素読のすすめ』初版（講談社現代新書）が世に出たのは、いまから三十一年前。当時はまだ音読ブームの気運が熟しておらず、やや時期尚早の感があったかもしれない。けれども声をだして、古典をくりかえし読むことの楽しさや価値を、さまざまの角度からエッセー風に述べただけの小著にもかかわらず、発刊当初から思いがけない反響があり、新聞・雑誌で紹介され、一九九四年に絶版になるまで八年間に八刷を重ねた。

再版をのぞむ声や、残部がほしいといった問い合わせなど、時おりあったが実現せず、この本の役割はおわったと思っていた矢先に、カナリア書房が編集を一新、『感性をきたえる素読のすすめ』という表題で復刊（二〇〇四年）の運びとなった。

それも途絶えて、十数年。今回またしても寝耳に水の、再復刊が決まったという次第。なんと悪運（幸運？）のつよい、しぶとい本だろう！　敬愛するデ・ラ・マンチャの騎士殿に、僭越ながら拙著を捧げたい。

熱心な読者のなかには、さっそく自分や近所の子どもたちをあつめて、わたしがこの本のなかで提唱したような「音訓式素読」のやり方ないし従来のやり方で寺子屋をはじめた方々もおられる。幼児教育や国語教育の現場で、日課として詩や俳句や漢詩などの素読を実践しているところもあり、いまでも時おり、具体的なやり方や教材についての問い合わせがある。保育園、幼稚園、小学校など、ことばや想像力に関する講演会や研修をする機会もふえた。そんなときには大きな紙に筆で大書した漢詩を用意し、子どもたちや父母といっしょに、音訓式素読の醍醐味を実際に味わっていただく工夫をこらしてきた。

音読《おんよ》みのリズムが、どれほど生き生きしたものであるか。いかに鮮明に耳にのこり、心に刻まれるか。論より証拠、たとえばつぎの漢詩を何べんか声にだして読んでみれば、読者のみなさんにも、おわかりいただけるのではなかろうか。いちばんいいのは、やはり、好奇心旺盛、感受性豊かなお子さんたちといっしょに唱えてみることである。

尋《ジン》 胡《コ》隠君《インクン》　高啓《コウケイ》

胡《こ》隠君《いんくん》を尋《たず》ぬ　高啓《こうけい》

渡《ト》水《スイ》 又《ユウ》渡《ト》水《スイ》　水《みず》を渡《わた》り 又《また》水《みず》を渡《わた》る

看《カン》花《カ》 還《カン》看《カン》花《カ》　花《はな》を看《み》 還《また》花《はな》を看《み》る

春《シュン》風《プウ》 江《コウ》上《ジョウ》路《ロ》　春風《しゅんぷう》 江上《こうじょう》の路《みち》

不《フ》覚《カク》 到《トウ》君《クン》家《カ》　覚《おぼ》えず 君《きみ》が家《いえ》に到《いた》る

春たけなわ、揚子江の水面が洋々としてひろがり、いたるところ花また花。春風に吹かれながら、作者は舟にのって、隠居中の親友をたずねていく。のどかな水郷の風景が簡潔な詩句にもられており、夏目漱石もこの詩を絶讃している。

従来の訓読（＝読み下し文）もそえてあるので、子どもたちはおおよその意味をつかめる。だがそれよりまえに、音読みの「トスイ、ユウトスイ、カンカ、カンカンカ……」という聞きなれない響きそのものに心をうばわれ、打てば響くように唱えはじめる。字句の細かい説明など、この際むしろ蛇足かもしれない。漢文の音読みはお経とおなじで意味不明だが、読み下し文とちがって原文どおりの語順だし、脚韻もふんでいる。全体のリズムがととのい、音の歯切れがよくておぼえやすい。

大人にさえむずかしい漢詩や古文を、小さな子どもたちが意気揚々と唱えていくのを見て、早期教育や受験勉強だと早合点し、眉をひそめる方がおられるかもしれない。いわゆる早期教育や受験勉強というのは「促成栽培」に似ている。化学肥料や農薬をふんだんに用いて、効率的な発育をうながすが、あとから弊害もでてくる。現在の国語教育では、字句や文法に関する細かな説明や知識によって、文書の意味内容を頭で「わからせよう」とする。けれどもそうした回りくどい作業が、むしろ国語を嫌いにし、字づらだけわかったつもりでも、嚙みすぎたガムのように無味乾燥なものにしてはいないだろうか。素読は知識の詰めこみとは正反対である。頭で安易にわかることを遮断し、虚心坦懐、ことばの響きとたわむれる無心の遊びに近い。

わたしたち大人は、ことばを抽象的・理知的なものとしてとらえがちで、響きや、リズム、抑揚といった感性的側面を捨象してしまう。だが、子どもはちがう。子どもたちはことばの響きそのものがおもしろくて、砂場で砂だんごをつくったり、お城を築いてトンネルを掘ったりしているときのように熱中する。手で砂の感触を楽しみ、舌と口と耳と目と、そして心で、ことばの手ざわりを楽しむ。

素読は有機農法における土づくりとおなじで、即効性を求めない。意味や内容など理知的な面については説明しないので、ことばの響きやリズムといった感性的な面だけが、時間をかけてじっくりと耕され、根がしっかり育つ。まず感性（＝聴覚だけでなく五感のすべて）を通してことばの響きと味わいが心に浸透し、細やかなひげ根を生やし、意味や内容はずっと遅れて、あとからゆっくり育っていく。表面的な意味をせっかちに求めない。「わかった」つもりにならない。――そのことがかえって好奇心を持続させ、精神を深耕する。

安達忠夫

はじめに

大学初年のころ、ひとりで雄阿寒岳にのぼったことがある。

秋口は羆《ひぐま》がでるから気をつけるようにと言われていたので、ジュースの空き缶に石ころを入れてマラカスのように鳴らし、歌をうたいながら、足音たかくのぼっていった。人間が羆をおそれる以上に、羆のほうでも人間を警戒し、避けているらしい。地雷線を突破する気持ちで針葉樹林帯をとおりぬけ、熊笹の藪をのぼりつめると、霧がはれて、いっきょに視界がひらけた。あかるい陽射しを浴びた山巓《さんてん》から阿寒湖にかけて、まるで等高線のようにくっきりと、ハイマツ、コケモモ、エゾマツ、トドマツ、ウルシ、カエデ、モミジ、ナナカマド、シラカバ、といったぐあいに段だら縞になっており、どれも息をのむような深い色合いであった。羆にたいする警戒心がややうすらいだせいか、わたしは、ふと、

「霜葉は二月の花よりも紅なり」

という詩を思いだそうとしていた。

二月の花というのは桃の花のことだという。かつてこの詩を暗誦させられたときには、なんとなく誇張した言い方だとばかり思っていたが、深山の孤独と緊張のなかで、はからずもその簡潔な味わいと美しさを、自分なりに感得できたように思う。

山行《サンコウ》　杜牧《トボク》　　山行《さんこう》　杜牧《とぼく》

遠上《エンジョウ》　寒山《カンザン》　石径斜《セッケイシャ》　　遠《とお》く寒山《かんざん》に上《のぼ》れば　石径斜《せっけいななめ》なり

白雲《ハクウン》　生処《セイショ》　有人家《ユウジンカ》　　白雲生《はくうんしょう》ずる処《ところ》　人家《じんか》有《あ》り

停車《テイシャ》　坐《ザ》愛《アイ》　楓林晩《フウリンバン》　　車《くるま》を停《とど》めて　坐《そぞろ》に愛《あい》す楓林《ふうりん》の晩《くれ》

霜葉《ソウヨウ》　紅於《コウオ》　二《ニ》月花《ガッカ》　　霜葉《そうよう》は　二月《にがつ》の花《はな》よりも紅《くれない》なり

朝晩、霜が降りるたんびに紅葉が深まり、やがて麓まで秋が下りてきます、と宿の人が言っていた。

近ごろの国語教育では、もっぱら解釈や鑑賞が中心になり、わたし自身もふくめて、古典をそっくりそのまま暗誦することがなくなった。しかしながら、頭で理解した意味などというものは陽炎《かげろう》のようにあやふやで、いざというとき当てにならない。早急に意味をもとめようとせず、ことばそのものを、できればその全体を、くりかえし自分の心に刻みつけておけばこそ、やがて深く根をおろし、生きたことばに育っていくのではなかろうか。「こと」と「ことば」が、わたしたちの内で出逢い、実をむすぶようになる。

すでにさまざまの識者が朗読や素読の大切さを指摘しているが、わたしにとって特に忘れがたい思い出がある。学生時代にヘブライ語を習っていた後藤光一郎先生（東京大学文学部宗教学教授）は、かつてイスラエルに留学し、発掘にたずさわった経験もゆたかな方なので、授業のあいまにいろいろ興味深いエピソードを話してくださった。

発掘を手伝う人夫のなかに、旧約聖書をそっくり暗記しているという者がいる。どこまで本当か、ひとつためしてやれと思って、あるとき後藤先生はヘブライ語の聖書をめくりながら、「イザヤ書何章何節からあと」といったぐあいに問題をだしてみた。その人は指を折りながら、口のなかで何やらぶつぶつぶやいている。やはり無理かなと思っていると、節《せつ》の数字をあわせるのに手間どっていたらしく、おもむろにうなずいて暗誦しはじめた。やめというまで、どこまでもよどみなく唱えていく。片っ端からためしてみて、一字一句ぴったりなのには、あきれかえってしまいましたと、先生は小さな羊皮紙をしめしながら述懐しておられた。その羊皮紙にみごとな筆跡で聖書のことばを書いてくれたのも、同じ人夫だとのこと。

ユダヤ人の旧約学者やラビは旧約聖書を丸暗記しているのが当たりまえで、二十巻のタルムードを暗記している人さえいる。一般庶民のあいだでもけっして珍しいことではないらしい。

ユダヤ人がすぐれているのは、幼いときからくりかえし聖書を唱えて暗記している人が多いせいです、と後藤先生はしばしば語っておられた。では、日本のばあいはどうですかとわたしがたずねたところ、「漢文の素読じゃないですか。明治維新を支える大きな原動力の一つは、漢文の素読でつちかわれたと思います」との答え。

わたしは大学で十数年間〔その後もさらに二十数年間〕、ドイツ語やギリシア語を教えてきた。人一倍外国語の不得手な人間が、こともあろうに外国文学の研究者になり、外国語を教えるはめになったのだから、まことに不思議な天の配剤といわなければならない。五年近くにおよぶ外国生活もふくめて、つねに、「かたつむり登らばのぼれ富士の山」の悪戦苦闘をくりかえしてきた。わたしにとって、教えるというのは、いちばん物おぼえの悪い生徒に——つまり自分自身のざるざる頭に——わからせる、そのための工夫の連続にほかならない。

「反復は諸学の母」(repetitio est mater studiorum) という。渚《なぎさ》に書いた砂文字をいくたびも書きなおすような際限ないいとなみを、自分においても学生においても、長年くりかえしているうちに、素読の問題はわたしにとってますます切実なものになってきた。外国語習得以前の問題として、むしろ大部分の学生は、「読書百遍意自《おの》ずから通ず」といった音読の習慣が身についておらず、基礎となる日本語の力が不足しているのではなかろうか。

というわけで、わたし自身も率先して外国語や漢文の素読を心がけるようになり、三年ほど前からは、わたしの住んでいる宿舎の子どもたちをあつめて寺子屋のようなことを試みている。

本書では、そうした経験を軸に、たんに漢文の素読だけでなく、「唱える」というやり方そのものを、いくつかの視点から問いなおしてみたい。

目次

第二章　外国語早期教育と漢文素読

第三章 素読の歴史とさまざまな例

第四章　ヨーロッパでの経験

第六章 素読を始めるにあたって

素読のすすめ

第一章

素読を支えるもの

「音読み」素読と「訓読」素読

「ソウハツ　ハクテイジョウ　リハク」

「早《つと》に白帝城《はくていじょう》を発《はっ》す　李白《りはく》」

「早に白帝城を発す　李白」

「チョウジ　ハクテイ　サイウンカン」

「朝《あした》に辞《じ》す　白帝《はくてい》　彩雲《さいうん》の間《かん》」

「朝に辞す　白帝　彩雲の間」

「センリ　コウリョウ　イチジツカン」

「千里《せんり》の江陵《こうりょう》　一日《いちじつ》にして還《かえ》る」

「千里の江陵　一日にして還る」

毛筆で大書された漢詩が、ベニヤ板の上に貼ってある。細長い棒の先で一字一字指しながら、ゆっくりわたしが読みあげていくと、子どもたちは真剣なまなざしで後を追い、一斉にオウムがえしに唱えていく。

「リョウガン　エンセイ　テイフジュウ」

「両岸《りょうがん》の猿声《えんせい》　啼《な》いて住《や》まざるに」

「両岸の猿声　啼いて住まざるに」

「ケイシュウ　イカ　バンチョウサン」

「軽舟《けいしゅう》　已《すで》に過《す》ぐ　万重《ばんちょう》の山《やま》」

「軽舟　已に過ぐ　万重の山」

何度か復唱したあと、今度は音読みだけでやってみる。子どもたちは一段と声を張りあげ、呼吸もぴったり合って、全体に活気をおびてくる。リズムにのって踊りださんばかりの子どももいる。音読みによる素読を、読者のみなさんも、ぜひ一度ためしてみていただきたい。

早発　白帝城　李白　「ソウハツ　ハクテイジョウ　リハク」

朝辞　白帝　彩雲間
千里　江陵　一日還
両岸　猿声　啼不住
軽舟　已過　万重山

「ソウハツ　ハクテイジョウ　リハク」
「チョウジ　ハクテイ　サイウンカン」
「チョウジ　ハクテイ　サイウンカン」
「センリ　コウリョウ　イチジツカン」
「センリ　コウリョウ　イチジツカン」
「リョウガン　エンセイ　テイフジュウ」
「リョウガン　エンセイ　テイフジュウ」
「ケイシュウ　イカ　バンチョウサン」
「ケイシュウ　イカ　バンチョウサン」

つぎは従来の素読のやり方と同じに訓読《くんどく》だけやってみるが、これはあまり人気がない。この詩のばあい、返り点によって語順が前後するのは表題をふくめて二カ所しかないので、比較的読みやすいほうなのだが、返り点が多いと、棒の先が行きつもどりつすることになり、子どもたちの視線はにわかに戸惑いの色をみせはじめる。脚韻の楽しさも、声の張りも失われてしまう。リズムがそろわず、あくびをする子もでてくる。わたしとしても、強引にひっぱっていくような感じがぬけきれない。そこで、最後にかならずもう一度、音読みで引きしめてから先に進むようにしている。

「音読み」というのは、いわばお経のように、上から下へ漢字のならんだ順に直読《ちょくどく》していくやり方である。漢字をかなり知っているはずのわたしたち大人が、テキストを見ながらでも簡単には意味がとれない。ましてや耳で聞いただけでは、ちんぷんかんぷん、異国のことばとたいしてちがわないはず。ところが、子どもたちにとっては、音読みの響きのほうが、耳と口に快感をあたえてくれるらしい。子どもたちの思いがけない反応に刺激されて、わたし自身も勇気づけられ、音読みの楽しさに耳をひらかれるようになった。

素読に際してこのように音読みと訓読を併行させるやり方は、もちろん、わたしの思いつきではない。高校時代に、漢詩の暗誦が苦手だったわたしは、漢字の配置をそのまま頭にたたきこむために、とくに返り点の多いおぼえにくい詩句だけ、音読みで何度も唱えてみたことがある。それはしかし、電話番号や歴史の年号を語呂合わせでおぼえるのと似たやり方で、一時しのぎの便法でしかなかった。この方法を徹底させることによって、素読に画期的な効果がもたらされることを教えてくれたのは、後でくわしく紹介する中村正直《まさなお》と岡田正三《しょうぞう》である。

長屋の寺子屋風景

寺子屋のある日は、なんとなく気ぜわしい。

わたしは、いつもより早めに帰宅し、まず部屋のかたづけと、座卓の配置をすませ、障子紙を切りそろえる。毛筆で書くのはもっぱら妻の役目だ。前の日に準備がすんでいれば楽なのだが、どうしても当日ぎりぎり、ぶっつけ本番で書くことになってしまう。その間にわたしはベニヤ板をつるさげ、前回の復習の分を何枚かクリップで止めておく。今までにたまった分は、大きな板のあいだにはさんで大切に保存してある。玄関のまわりで子どもたちがうろうろしており、そっとのぞきこんだり、待ちきれずに入ってくる子もいる。

筆の跡がまだ乾ききっていない障子紙を糊でつなぎあわせ、読み方をもう一度念入りに頭に畳みこんでおく。わたしの読み方があやふやだと混乱をきたすので、これは大切な作業だ。

時間はあっという間にすぎてしまい、気がつくともう五時。半畳の玄関には、ちいさな運動靴がすでに足の踏み場もないほどならび、重なりあっている。ほかの子はあらかたそろっているのに、どういうわけか、わが家の息子たちだけいつも遅れてくる。養いがたいのは、何とかと、わが子である〔子どもたちのほうでも同じような感想を親に対して抱いていることだろう〕。

塾のように勉強を教えるわけではない。団地サイズの六畳間で、集まれる人数も知れている。めいめい勝手に宿題などやり、わからないところを、わたしたち夫婦がみてやる程度だ。妻は台所で夕食の支度と子守のかたわら、ときどき顔をのぞかせる。一時間勉強したあと、座卓をかたづけて、二十分ほど素読をする。素読といっても、漢文にかぎらず、日本の古文や和歌、俳句、仏典、現代詩、聖書などもふくむ。

ひきつづき映画会や紙芝居などを準備してないときは、それで一応切りあげるが、子どもたちはたいてい、かるた取りをやろうと言いだす。江戸大阪のいろはがるた、俳句かるた、動物俳句かるた、百人一首、漢詩かるたなど、レパートリーが次第にふえ、これも実は素読の一端である。

しかし子どもたちは、そんなことに頓着しない。あくまで真剣な遊びであり、大人がうまくコントロールしないと、夢中になりすぎて喧嘩になったり、泣いて飛びだしていったりする。子どもどうしの競争心を煽りたてるのはまずいやり方だ。たくさん取れた子は得意がり、取れない子はくやしがってかるたを嫌うようになる。一人一人がぶつかり合わないようチームのバランスを按配し、かるたそのものを楽しませるよう工夫しなければならない。

潮時を見はからって、さっと解散する。

意味よりも音の響き

わたしの家族は大学の職員宿舎で暮らしている。長屋などと書くと、同じ宿舎の住人や大学当局から顰蹙《ひんしゅく》を買いそうだが、夫婦喧嘩や兄弟喧嘩は筒抜けの狭いところで、薄給の家族どうしが日常生活を共にし、赤ん坊の泣き声や子どもたちの遊ぶ声がいつもまわりにひしめいているという点で、活気にみちた、なかなか得がたい場所だ。一歩足を外に踏みだせば、周りはほとんど高級住宅地という一角に、わたしたちの古ぼけた長屋が艀《はしけ》のようにならんでいる。

わたしが寺子屋と素読をはじめる気になったのは、持ち前の凝《こ》り性と実験精神（つまり向こう見ず）のせいであることは確かだが、こういう長屋のような雰囲気に恵まれていなければ、実行にうつすことは困難だったにちがいない。そもそものきっかけは、息子たち二人が小学校に通いだしたことにある。遊びの環境としては申し分ないから、友だちといっしょに集まって勉強を楽しめる機会も設けてやりたいと考えた。小学低学年を対象に、発足時は総勢六名、週に二回。忙しすぎて無理なので、やがて週一回になった。

素読を続けているうちに、いくつかおもしろいことに気がついた。

まだ参加を許されていないちびさんたちは、自分の兄や姉が何をしているのか気になるらしく、窓の外からのぞいたり、ちょくちょく部屋に入ってきたりする。台所でおやつといっしょに素読を聞きかじり、なんとなく口真似して楽しんでいるうちに自分たちも覚えてしまう。かるたがはじまれば率先してやりたがる。当時三歳になったばかりのうちの娘が、ある時、汽車の廊下を「雨ニモ負ケズ」を唱えながら行ったり来たりしていたら、年配のご夫婦が感激してわざわざ娘のところまで握手しにやってきたのを思い出す。結局、素読の益をいちばん受けるのは、きょうだいの下のほうなのかもしれない。幼いころから何の束縛もない気楽な立場で触れているだけに、吸い取り紙のように吸収してしまう。キュリー夫人や夏目漱石、坪内逍遥、福沢諭吉、島崎藤村など、いずれも末っ子であった。

ことばの意味はほとんど説明しないにもかかわらず、子どもたちは生活のさまざまな局面で、習い覚えたことばを実にぴったり用いることがある。大人は思わず吹きだしてしまう。意味もよくわからず、まぐれ当たりで使っているにすぎないから、かえって有害だという意見もあるだろうが、ことばの生命力をじかに感じとる子どもの豊かな感受性を、わたしとしては積極的に評価したいと思う。子どもは蟬やとんぼを追いまわすのと同じ気持ちで、ことばの動きそのものを楽しむ。意味よりもまず音の響きとリズムが、耳を通して心に浸透していく。

門内の小僧習わぬ経を読む

わたしが小学生になりたてのころ、四国の寺に嫁いでいる伯母がくりくり坊主の従兄を連れて上京し、何日か家に泊まっていった。

従兄はわたしより二つか三つ年上だが、寺育ちのせいかどことなくおっとりと大人びて見えた。伯母の話だと、長いお経をよく覚えていて、和尚《おしょう》の代理がもう立派につとまるという。

いっしょにお風呂につかりながら、わたしはそっと尋ねてみた。

「ねえ、どんな風にお経読むのか、やってみてよ」

「お経かの、お経なぞ簡単じゃ」

そう言って従兄は、坊主頭に手拭をのせ、うやうやしく合掌すると、

「松の根方で、ぼんさんが、へえをした、ポクポクポクポク、チーン、
松の根方で、ぼんさんが、へえをした、ポクポクポクポク、チーン、
松の根方で、ぼんさんが、へえを………」

こんなにひょうきんな従兄だとは思いも寄らなかったので、わたしはお腹の皮がよじれるほど笑いころげた。従兄のほうは相変わらずお地蔵さまのような姿で、目だけくるくるまわし、もっともらしい節をつけて唱えている。顔はみるみるゆで蛸《だこ》のように真っ赤に染まり、風呂からあがったときは、二人ともものぼせてふらふらになっていた。

その後この従兄は、寺はいやだ、「流し」になりたいなどと言いだして、ギターや歌の練習ばかりしていた時期もあったらしいが、やがて大学で日本史を専攻し、伊予水軍についての論文を書いた。僧堂の修行をおえて住職になってからも、高校で日本

史を教えたりしている。

幼いときから読経《どきょう》で鍛えられているせいか古文や漢文が得意で、古文書《こもんじょ》を読むのがおもしろくて仕方ないとのこと。神田の古本屋まわりを楽しみにしており、わたしも何度かつきあわされたものだ。

この従兄にかぎらず、住職をしながら教育にたずさわっている例は多い。思い起こしてみると、わたしの大学時代の友人や先輩・後輩にも寺の子弟がかなりいた。名前などでそれと知れるばあいもあるが、長いあいだ気づかずにいて、何かの折に、なるほどと思い当たったりする。

将を射んと欲すれば先ず馬を射よ

わたしは内村鑑三につらなる無教会派のキリスト者の一人であるが、身のまわりを見わたすと、わたしの恩師であるドイツ語の杉山好《よしむ》先生、宗教学の後藤光一郎先生、旧約学の関根正雄先生、独立伝道者の高橋三郎先生、すでに亡くなられた、新約学の前田護郎《ごろう》先生、塚本虎二《とらじ》先生、矢内原忠雄先生など、語学の達人や、中には天才といっていいような人たちがかなりいる。生まれつき語学の才に恵まれている(もちろん、それもあるだろうが）というよりも、聖書を原典で読みたいというやみがたい熱意が、持続的な深い原動力として働いている点を見のがすわけにはいかない。ギリシア語やヘブライ語を熱心に学んでいる平《ひら》信徒を、わたしは学者以外にもたくさん知っている。日頃聖書を読んでいる人は、新たな外国語を学ぶ際に、世界中で最も種類の多い、定評ある翻訳を利用することができる。あらかじめ内容の見当はついており、あとは簡単な文法書と辞書だけをたよりに、いきなり聖書に飛び込んでいけばよいのである。

わたしの友人で、昔から各国語の聖書を集めることを趣味にしている男がいる。蒐《しゅう》集《しゅう》がとどこおっている様子なので、わけをたずねてみたところ、やたらに集めるだけなら簡単だが、自分の足で現地を踏みしめるまでは絶対に買わないことにしたとのこと。海外旅行をすれば必ずふえるが、ふだん日本にいるときは完全にストップしてしまう。それでもすでに十数カ国の聖書が背表紙をならべており、奥付には、手にいれた場所と日付がていねいな書体でしるされていた。

自分のためだけでなく、お土産としてこれにまさるものはない、と彼はいう。たとえば、ドイツなり、フランスなり、その国で最もその国らしいものといえば、その国のことばであり、最も霊的なものは聖書である。だから、目には見えないそれぞれの国のエッセンス（言霊《ことだま》のようなもの）を凝縮した一冊の聖書こそ、その国のいちばん貴重な、しかもいちばん安価な贈物である、と。たんに聖書をあつめるだけでなく、それに付随してさまざまの外国語を学ぶことも彼の生き甲斐の一部であることを付けくわえておこう。

聖書にかぎらず、何か自分の趣味や知りたいことがあって、外国語をとおして学んでいるうちに、いつのまにかその外国語が身につくというケースはかなりみられる。英和大辞典などで知られる市河三喜《さんき》博士のばあい、昆虫学に凝って英語の文献を読みあさっているうちに、語学や言語学への興味がまし、結局その道の専門家になってしまいました、と述べておられた。これはむしろ、「将を追い求めんと欲すれば自《おの》ずから馬に習熟す」とでもいうべきか。

いずれにせよ、生涯を賭けて追い求めるに値するほどの大将（＝対象）に出逢うことが、真剣な錬磨のきっかけになり、持続性を生む。一方では、素読という地道な方法によって自分の古典を確立していくことができるが、他方では、自分にとってかけがえのない古典が存在することにより素読が成りたつ。素読が古典を支え、古典が素読を支える。

祝詞《のりと》のリズム

ドイツ語の杉山好先生（東京大学教養学部教授）から、わたしはドイツ語だけでなく、ルターと聖書を示された。

先生はバッハの情熱的な研究家であり、ヒルティー、シュヴァイツァー、キルケゴールなどの翻訳においても、丹念な仕事ぶりで知られている。わたし自身、翻訳では人知れず苦労を重ねているほうなので、時おり杉山先生の工夫を盗み見ては、ゲーテの〝魔法使いの弟子〟よろしくヘマばかりしでかしてきた。

篤実なキリスト者である杉山先生が、富士山腹の神主の家の出であることを、最初にご本人の口からうかがったとき、わたしは不思議な暗合のようなものを感じた。かくいうわたしの家も、実は祖父の前の代まで、国東《くにさき》半島にある小さな神社の神主だったと聞かされていたからである。

ところが、さらに話を聞いているうちに、こまったことになった。杉山先生は、平家の落ち武者が登りつめたところに祭った神社の出で、わたしはサラブレッドならぬ馬の骨《サラボーン》とはいえ、源氏の神主の末裔《まつえい》。

「妙なところで、紅白の源平合戦がむし返されそうですね」と、にこにこしながら先生がおっしゃった。

たとえばキルケゴール『キリスト教の修練』を何ページか読んでみると感じられることだが、杉山先生の訳文は、原著者の熱い息吹がことばの隅々まで生かされ、愛と気迫のこもった、詩的な文体となっている。

「直訳でも、意訳でもありません。ルターのいわゆる〈霊訳〉とでもいったらいいか、翻訳のかなめは、外国語の生きたリズムを、日本語の生きたリズムに移しかえることです」と、あるとき、杉山先生が語っておられた。

思わずわたしは、膝をのりだした。

「では、先生ご自身は、日本語や外国語のリズムをどのようにして体得できるとお考えですか。わたしのような音痴でも、リズムが身につくものでしょうか」

先生はちょっと間をおいてから、

「ぼくのばあい、祖父が神主だったせいもあって、物心つく前から毎日のように祝詞《のりと》を聞いて育ちました。いざとなれば、今でも神主が立派につとまるくらい、祝詞のことばとリズムが耳の底に残っています。荘重な祝詞のリズムは古代日本語の根源的なリズムを伝えており、翻訳で興にのったときなど、そのリズムが深いベースになって、自分でもはっとするような新鮮な言い回しがでてくることがあります。日本語のばあいも、外国語のばあいも、ぼくのリズム体験の基礎は祝詞です」

「でも、そうすると、自分とまるで違ったリズムまで自分のリズムで押しつぶしてしまう危険はありませんか」

「まず原文をくりかえし音読してみると、比較的自分に合った文体と、そうでない文体の区別が次第につくようになる。これは人間の気質のようなもので、そりが合うか合わないか、初めからかなりはっきりしています。あとから徐々に波長が合うようになるばあいも、もちろんあることはありますが。原著者のリズムと翻訳者のリズムが深いところで共鳴し合い、高められた状態で日本語の新たなリズムが生まれてくる。それでなければ、いつまでたっても翻訳は翻訳でしかありません」

牧師の息子たち

ドイツに留学して半年たったとき、わたしは風車に突進するドン・キホーテよろしく、ヘブライ語をはじめることにした。

朝の九時から十時まで、一人の先生の授業が土日を除く五日ある。しかも一学期間で文法をひととおり終えてしまうのであるから、まだドイツ語の力すらおぼつかないわたしにとって、一週間じゅう予習復習に追われどおしの毎日であった。

ヘブライ語の動詞は三つの子音を語根として構成されており、初心者にはどれもこれも似たり寄ったりの字づらに見える。おまけに変化が複雑だ。見ひらきいっぱいの変化表を、明日までに覚えてきてくださいなどと気軽に言われれば、たいていの人は悲鳴をあげたくなるであろう。

とりわけわたしの頭は、録音機や複写機の機能をまるで欠いており、毎日うろ覚えのまま、戦々兢々《せんせんきょうきょう》として授業に臨むのだからたまらない。先へ行けば行くほど、ますます準備に時間がかかるようになり、授業中は眠りをこらえるのに精一杯。脳が圧迫されるせいか、まるで脳のまんなかにぽっかり穴があいたように、日常生活においても物忘れがひどくなった。後遺症は重く、今でもときたま悪夢にうなされることがある。物忘れのほうは、その後いっこうに直らない。

最初の意気込みはどこへやら、戦略的後退と称して、次第にわたしは、質問の矢の届きにくい後ろの席に退却しはじめた。

ところが、相も変わらず最前線に陣どって、いつ当てられても、複雑な変化をすらすら暗誦してのける学生が十名あまりいる。ある時、そのうちの一人とメンザ（学生食堂）で顔をあわせたので、いっしょに食事しながら、それとなく聞いてみた。ヘブライ語をはじめて何年ぐらいになるのかと。驚いたことに、その学生は新入生で、わたしと同時に習いはじめたばかりだという。

「きみは、あんな面倒な変化をどんな風にして覚えるの。なにかこつのようなものがあったら、ぼくにもぜひ教えてよ」

その学生は怪訝《けげん》そうにわたしの顔を見つめながら、言った。

「こつって、こつも何もありゃしない。ただ何度も何度もくりかえして覚えるだけだよ」

「何度も声をだして読むのかい」

「うん、それに、書き写してみることもある」

何の手がかりにもならなかった。そんなことなら、わたしだって、とっくにやっている。しょせんは頭の構造がちがうと、あきらめるしかないのだろうか。

しばらく話しているうちに、彼の父親は牧師で、彼自身も牧師志望であることがわかった。小さいときから、讃美歌や聖書朗読を耳にしているので、暗記はちっとも苦にならないらしい。

それに神学を学ぶつもりで、小学生のころから古典語を習ってきた。ヘブライ語の変化は、ラテン語やギリシア語とくらべればずっと簡単だという。フォークの手を休めたまま、しばらくわたしが考え込んでいるのを見て、その学生は、

「ところできみは、シュリーマンって知ってるかい」とたずねた。「シュリーマンも牧師の息子だったんだ。子どものときホメロスの物語に感激して、トロイアの発掘を思いたち、まず商人になって十数カ国語を習得した。その知識をフルに生かして巨万の富を築き上げ、それからようやく発掘に取りかかって大成功をおさめた。ギムナジウム（中高等学校）のギリシア語の先生が、シュリーマンの語学習得法のことをよく話してくれたけど、要するに、ぼくらがいつもやっているのと同じで、できるだけたくさん、大きな声をだして読むことが大切だと言っている」

そういえば、わたしもかつて『古代への情熱』という本を読んだことがあるのを思い出した。長続きこそしなかったが、ともかくいったんは自分も同じ方法でやってみようという、けなげな決心をしたはずだ。しかし、シュリーマンが牧師の息子だとい

うようなことは少しもわたしの記憶に残っていなかった。その足でさっそく図書館に行って調べてみたら、なるほど、父のエルンスト・シュリーマンは新教派の説教師であったとのこと。

この父から、息子のハインリヒ・シュリーマンは三つのものを受けついでいる。一つは、古代史に対する熱情的な関心であり、父が熱をこめて語ってくれたトロイア戦役の物語によって、いつしか彼はトロイアの実在を確信するに至った。二つ目は、ラテン語が堪能な父に早くからラテン語の手ほどきを受けたこと。最後に、子どものときからの貧しい境遇が、シュリーマンの生き方をたくましいものにしており、これもまた父の貴重な贈物といってよいのではあるまいか（せめてわたしも、この最後の贈物くらいは遺したいと思っている）。

父の突然の停職によって、ギムナジウムの進学を断念したシュリーマンは、実業中学校（レアールシューレ）に転校し、卒業後、商人としての道をあゆむことになる。語学をはじめた動機について、

「自分の地位をよくするために、熱心に近代語の学習をはじめた」と述べている。

夜ごとの素読

中間子理論でノーベル物理学賞を受けた湯川秀樹（一九〇七―八一）は、五、六歳のときから、毎晩、祖父の離れに一人で通って、四書五経《ししょごきょう》の素読をさせられるようになったという。

机の向こう側に端座している祖父が、一尺以上もある字突き棒で正確に一字一字さしながら、

「子、曰《のたま》わく……」

それをまねて、

「シ、ノタマワク……」

といったぐあいに、眠いのをこらえ、ひたすら唱えていく。

ページには兄たちふたりの涙のあともしみており、一日分の日課が終わって母屋《おもや》にもどって行くときは、さぞかし飛び立つような思いだったにちがいない。

こうした素読の経験について、湯川秀樹は自伝『旅人』のなかで次のように述べている。

私はこのころの漢籍の素読を、決してむだだったとは思わない。

戦後の日本には、当用漢字というものが生まれた。子どもの頭脳の負担を軽くするには、たしかに有効であり、必要でもあろう。漢字をたくさんおぼえるための労力を他へ向ければ、それだけプラスになるにはちがいない。

しかし私のばあいは、意味も分からずに入って行った漢籍が、大きな収穫をもたらしている。その後、大人の書物をよみ出す時に、文字に対する抵抗は全くなかった。漢字に慣れていたからであろう。慣れるということは怖ろしいことだ。ただ、祖父の声につれて復唱するだけで、知らずしらず漢字に親しみ、その後の読書を容易にしてくれたのは事実である。

貝塚茂樹博士との一問一答

小川家で素読がはじまったいきさつや、祖父小川駒橘《こまきつ》については、湯川秀樹の次兄にあたる貝塚茂樹博士が、随想や『わが歳月』において、いくぶん詳しく語っておられる。しかしながら、自分で素読を受けた経験がないわたしとしては、素読のやり方そのものに関しても依然として隔靴掻痒《かっかそうよう》の感がのこり、直接会ってお聞きしたいこともいくつかあったので、思いきってインタビューをお願いしてみた。質問は、この二つの著書および前出の『旅人』を手がかりに、具体的な点を確かめることから始まった。ここでは、便宜上、話題をしぼって整理してある。〔　〕は筆者の補足説明。

小川兄弟（芳樹《よしき》、茂樹、秀樹、環樹《たまき》、滋樹《ますき》、ほかに二人の姉）の父方の祖父は、田辺藩の儒者、浅井篤《あつし》（南溟《なんめい》）であり、京都大学の地質学教授であった父の琢治《たくじ》も幼いころから漢学の素養が深かった。貝塚氏の記述によれば、浅井家の暮らし向きは豊かでなく、「私の父は小学校に通わず、父南溟先生が家で漢学を教えているのをその机《き》辺《へん》で自然に聞き覚えたのだった」とある。

毎晩、素読をしてくれた母方の祖父、小川駒橘（一八四四—一九二三）は、慶応義塾の前身である鉄砲洲《てっぽうず》の洋学塾で福沢諭吉の教えを受け、母校の教壇にも立ったことのある洋学者だが、武士の出身で、やはり漢学の素養が根底にあった。貝塚茂樹氏はこの祖父と同じ甲辰《きのえたつ》の生まれ（明治三十七年）で満六十歳ちがい、「同じ干支《かんし》に生まれた孫」として可愛がられたとのこと。

明治四十一年、小川家は父琢治の京都大学転任にともない、東京から京都に移った。

すでに五十六歳で銀行を退職していた祖父の小川駒橘は、京都で完全な隠居生活にはいり、毎日暇をもてあましていたので、父の発案により、明治四十三年の春から孫たちに素読を教えることになった（六十六歳）。まず小学三年生の長兄芳樹氏が『大学』『論語』を、次いで翌年の正月から茂樹氏が『大学』を習いはじめた。

素読のテキストおよびやり方について

――素読には、どのようなテキストをお使いになったのですか？

「ここに持ってきたのが、いちばん最初に習った『大学』のテキストです。

〔緑色の和綴じ本。ほぼB５判の大きさ。表紙に中字で大学、細字で道春《どうしゅん》点と書いてある。版木刷りで、本文の字体は約一・五センチ角、註はその半分で二行ずつ〕

こちらは『論語』で、後藤点ですが（本書二六四頁参照）、やはり道春点のが別にあったはずです。素読にはそちらのほうを用いたと思います。中庸は子どもには理論的すぎるといって読まなかったが、孟子を終え、五経、唐宋八家文《はっかぶん》、左伝、十八史略と読み進み、資治通鑑《しじつがん》をはじめたところでおしまいになりました」

――一回にこれを、どれくらいの分量、どれくらいの時間で、どのようにして読んでいったのですか？

「初めのうちは祖父が、字突き棒で一字一字さしながら、返るところは返って、細かく読んでいきましたから、進むのはほんのわずかでした。ぼくも指でさしながら、子どもですから、意味もなんにも分からず、ただ読んでいました。時間も十分か二十分ぐらいなものでしょう。

〔実際に習ったときの調子で、『大学』の冒頭を読みあげてくださった〕

慣れてからは、いちいち指でささなくなりましたが、『大学』はこんな調子です。少しずつのところを、三回ほどくりかえしたと思います。次の日は、前の日にやったところを一度さっとくりかえして、そのままぞんざいに読み進んでいく。註は読まず、意味もやらない、無理に暗誦をさせるわけでもありません」

——男の兄弟五人が、一人一人別々に、おじいさまから習ったのですか？

「そうです。でも、一人の時間はわずかで、せいぜい三十分かそこら。ぼくがいちばん最初で、次が兄貴〔芳樹〕だったかな。夕食後、広い庭の離れにある祖父の書斎に、一人一人素読を習いにいきました」

——何年ぐらい続いたのですか？

「ぼくは、兄弟中でいちばん長くて、小学校にはいる前の正月からはじめ、中学三、四年で受験の準備に忙しくなるころまで続けました。兄貴は、はじめたときもう小学三年生でしたから、随分つらかったようです」

――ページのうえに涙のあとがついていた、と書いてある本（小中学生向けの伝記）を見かけましたが、ほんとうの話ですか？

〔さきほどの『大学』をもう一度開きながら〕

「ええ、この本が実際にそれです。かなりよごれとるでしょう。ぼくは、兄貴がすでにやらされていたことだから、なんともなかったですが、兄貴はいやだったようです」

〔墨がかすれたり、にじんだりしている箇所がかなりある〕

――では、これは小川家にとって家宝みたいなものですね。

「まあ、そんなものかもしれません」

――先生ご自身は、お子様に素読のようなことをなさいましたか？

「少々試みてみましたが、学校のことがいそがしくて長くは続きませんでした。今は、やることが多いし、塾がある。昔の子どもはひまで、だいたい遊んでいました。昔のほうが良かったですな。学校の漢文はあるにしても、週一時間ぐらいなものですし、やっぱり毎日やらねばだめでしょ」

素読をやったことのメリット

――「入学以前、毎夕食後、眠気をこらえて祖父から漢書の素読をさずかった効果が現われて、漢字を覚えるのがちっとも苦労でなかった」と先生は書いておられますが、そのほかにどのような利点があったと考えておられますか？　たとえば、外国語の習得や、学問のうえではいかがでしょう？

「素読を習いはじめたときから、漢文が外国のものだという意識はまるでありませんでした。西洋人が、たとえばプラトンを読むばあい、まず文法から入っていくのでしょうが、漢文の素読というのは初めから訳文を読みます。甲骨文字も漢文として、漢文の文法で読んでいったわけです。口語は変わっても、文章語としての漢文は昔から変わらない。漢文ほど変わらないことばはありません」

――『日本と日本人』というエッセーのなかで、先生は中国文化と日本文化の感性のずれについて触れ、日本回帰ということをお書きになっていましたが、漢文についてはいかがでしょう。ほとんど日本語の古典のようにお感じになりますか？

「本居宣長は古事記や万葉を言いますが、日本語にはもともと文章の骨格がない。原始のままの日本語だけではやはり無理でしょう。漢文が入ってきたので、日本語ができていった。漢文はわりあい形式がきまっており、論理的です。西洋のことばを日本語に訳すにも、漢文がなければ訳しきれない。漢文を読んでいたので、明治維新のときにも外国文を読みこなすことが速かったのとちがいますか。漢文の力がなかったら、明治はあんなに速く発達しなかったでしょうね」

――先生の同じエッセーに出てくる、内藤虎次郎（湖南）先生の「ニガリ説」を思い出しましたが、あれはつまり、外来の刺激が働いて日本固有の文化が形をなすという意味ですか？

「ええ、中国文化がニガリとなって、日本の文化をつくった。万葉だけでは、まだ固まらない豆腐のようなものです。漢文は外国の古典でありながら、日本のものになりきっており、日本語はもはやそれなしには考えられなくなっている」

――四書五経の体系が、一つ一つのことばとして、そっくりそのまま自分のなかに埋めこまれていることのメリットはいかがですか？

「ほとんど自分では考えたこともありませんでした」

――それだけ無意識的な力になっているということではないでしょうか？

「旧制高校の文科における外国語教育もその点では同じです。語学が生活の中心で、語学に大幅に時間をかけ、外国と直面しているという感じがあった。それを受けた者と受けなかった者との大きな違いはそのことでしょう」

〔意外なことに、貝塚先生ご自身は、漢文がむしろ嫌いだったとのこと。「やはり、やらされたからでしょうかねえ」と語っておられた。

あとで先生の奥様が、貝塚先生の素読にまつわるエピソードに注意をうながしてくださった。ある晩、素読が終わって母屋に帰ってきたら、お母さまは子どもの数が多いもので、もうみんな揃ったと思ってうっかり戸を閉めてしまい、先生は外で泣いておられたという〕

――先生のお友だちの桑原武夫先生などは、漢文教育の復活にむしろ反対の立場のようですが、やはり貝塚先生と同じに素読を受けられたのですか？

「素読は受けていないでしょう。桑原さんの漢文嫌いは別のところからきています。父がわたしたち兄弟に素読をやらせたのは、当時非常にまれな、革新的なことで、一般から遠い、忘れられたものだったのです。そのころは何とも思いませんでしたが、素読をやっていたのは、日本中でうちぐらいなものだったかもしれません。幸いに祖父がいたからできたことなのですが」

――実はわたしも、近所の子どもたちを集めて素読のようなことを試みていますが、週一回がやっとです。何かを伝えることができる老人がいつも身近にいるということは、その意味で非常に大切なことですね。今は核家族でますます難しくなりましたし。ところで、お父さまは、おじいさまの無聊《ぶりょう》を慰めるということのほかに、素読について何か積極的な考えをもっていらしたのですか？

「もちろんです。父は自分も小さいころから素読を受け、非常な確信をもっていました。わたしや環樹《たまき》（中国文学者、小川環樹氏）などは、たぶん漢文をそういうふうに習った最後の人間になるかもしれません」

後　記

このインタビューを思いかえしてみて、つくづく感じさせられるのは、学業がけっして一朝一夕では成らないということである。小川家は代々、男の子に恵まれなくて、養子相続をくりかえし、その度ごとに禄高を減らされてきた。維新後、小川琢治の代に至って、女二人の他に、いきなり男五人が生まれ、まれに見る学者一家になった。家系や素質ももちろんあるだろうが、漢文の素読がその潜在的な力を開花させる修練の一つになったと思われる。

素読をはじめるにあたって、父小川琢治の発案と、即座にそれを実行しうる素養と暇に恵まれた祖父小川駒橘の存在が大きい。両者の若き日の苦労が、子どもたちや孫たちにおいて生かされ、実をむすんだのである。

反復と持続の生みだす力は大きい。漢文も外国語も、一定期間それにひたりきることの大切さを貝塚氏は強調しておられた。貝塚氏のばあい、十年近くも素読を続け、それが学問の土台をなす無意識的な底力になっている。漢文は、日本的な感性とのずれをはらんでいるにもかかわらず、いやむしろ、多分そのずれがあるからこそ、日本人のウイークポイントであった論理性を補い、日本語を鍛えあげ、凝縮させる「ニガリ」の働きをしてきた。

もう一つ、やはり意外だったのは、これだけ漢文の世界のなかで生きてこられた貝塚氏が、あまり漢文は好きでないとおっしゃったことである。子どもに物事を好きにさせることの難しさを改めて感じさせられた。

素読を支えるもの

素読において大切なのは、まず、反復と持続であろう。三日坊主や、ときたま思い出したように素読をやってみても、底力はつかない。自分自身のばあいも、子どもを相手にするばあいも、定期的に長く続ける工夫がいちばん肝心だ。この問題が解決されれば、半ばは成功したといっていい。

毎日すこしずつ論語の素読をしている幼稚園のことが新聞記事にのっていた。子どもたちは何の苦労もなく、たちまち覚えてしまうとのこと。

寺や神社や教会の子弟は、ほとんどのばあい、親の職場がそのまま生活の場であるから、日常生活そのもののなかに反復朗誦を維持するペースメーカーが組み込まれているようなものだ。もっとも最近では、紺屋《こうや》の白袴《しろばかま》というか、子どもに気がねして、お経を教えることすら差し控える寺がふえつつあるとのこと。法事や勤行《ごんぎょう》をテープレコーダーで間に合わせるわけにもいかず、寺を継ぐ段になって、長いお経を覚えるのに一苦労するらしい。

たとえ家の職業ではないとしても、宗教心自体が反復と持続のエネルギーを生みだす源泉になる。身のまわりに宗教心のあつい人や芸事などに熱心な人がいると、幼い子どもは精神的に深い影響を受けるだけでなく、同時にすぐれた記憶力がつちかわれていくのではあるまいか。

たとえば宮沢賢治は、父政次郎が浄土真宗に打ち込んでいたせいもあるが、朝晩、家の人たちといっしょにお経を唱え、四歳のときには正信偈《しょうしんげ》や白骨《はっこつ》の御文章《ごぶんしょう》（御文《おふみ》）などを覚えていたという。南方熊楠《みなかたくまぐす》は、寝しなに父母が子守唄がわりにお経を聞かせてくれたことを回想しつつ、

> されば子の根性は全く父母の行に因《よ》るものなり。父母はその気でせず、ただ子どもねさするために唄うた和讃や粉川寺《こかわでら》の順《ママ》礼歌も、子に取りては無上の教育じゃ。
>
> 『全集』第七巻

と述べている。太宰治の場合、叔母や乳母がさまざまの物語を語り聞かせてくれたことが、読者を魅きつけてやまないあの巧みな語り口につながっているにちがいない。

わたしの親戚で、勤めのかたわら謡曲を教えている父親に、小さいときから謡《うたい》を仕込まれてきた男がいる。ラジオやテレビでよく、冒頭のメロディーを聞いて題名を当てる番組をやっているが、彼はわたしたちと世間話をしながら、番組にも耳を傾け、どんどん当てていく。たいていの曲は、一、二度聞けば忘れないとのこと。音感も非常にいい。

極端な言い方をすれば、大人の側にある何らかの意味でのこだわりが、持続と反復を生み、子どもの教育にも波及するといっていい。素読のばあい、それは「ことばに対するこだわり」であり、ことばというものが吹けば飛ぶような脆《もろ》い存在だと思っている人は、素読のようなまだるっこしい方法を初めから相手にしないであろう。

つまり、素読にとって大切なのは、古典というものの価値を信じることである。

現代において素読という方法がすたれつつあるのは、古典が多元化しすぎ、価値の基準がまるで失われてしまったことと無関係ではない。四書五経でも、聖書でも、法華経でも、あるいは、万葉集、プラトン、シェイクスピアでも、一つの時代、一つの社会において、一つの古典が絶対的な価値を有している場合に、それを反復熟読して自分の血肉に化していこうという積極的な姿勢が生まれる。情報過剰と混乱の時代にあって、目標をしぼるのは、勇気と決断を必要とする。

それから、シュリーマンについて述べたように、欠乏がなければ、こうしたこだわりの情熱は生まれてこない。いわゆるハングリー精神である。馬を水際《みぎわ》まで引いていっても、喉がかわいていなければ水を飲ますことはできない。現状の豊かさに満ち足りている人間は、何かを習得する必要性を感じないであろう。幕末において、漢学にもっとも熱心だったのは、下級の武士たちであった。聖書という一見小さな土俵に何千年もこだわったのは、亡国の民ユダヤ人たちであった。

◇

【第一章】補足

用語の説明

(1) 素読《そどく》

世代に関係なく、素読ということばを見て首をかしげる人がふえてきた。やがては古語か死語になるかもしれない。国語辞典をしらべてみると、たとえばこんなふうに定義されている。

内容の理解は抜きにして、古文、特に漢文の文字づらだけを声に出して読むこと。（新明解国語辞典）

文章の意義の理解はさておいて、まず文字だけを声を立てて読むこと。漢文学習の初歩とされた。（広辞苑）

書物、特に漢籍の意味・内容を考えることなく、ただ文字だけを音読すること。そよみ。すよみ。（日本国語大辞典）

これだけの記述では、まだ具体的なイメージがつかみにくいはず。百科事典なども参照して、素読の特色と思われる点を箇条書きにしておこう。

ちなみに、素読の「素」という漢字は、生糸《きいと》で織ったばかりの白絹《しらぎぬ》、つまり生絹《きぎぬ》（＝すずし）を意味する。コンピューター用語で言えば、初期化の段階にあたるだろう。生絹を練ってやわらかくすると練り絹になり、さまざまの染色が可能になる。

赤ちゃんが生まれたばかりのとき、人間の脳も、いわば生糸の状態にちかく、「どの動物の脳よりも未完成である」（時実利彦『脳の話』岩波新書）。生後何カ月かのうちに脳細胞のからみあいが急速に密になっていき、さまざまな体験や知識が情報としてたくわえられていく。

①文字や文章を、声をだして読んでいく（目と耳と口の総合）。
②生徒がオウム返しに先生のまねをするばあいもある（復唱）。
③なんどもくりかえして読む（反復）。
④意味内容の説明はしないのがふつう（知性よりも感性重視）。
⑤いつのまにか暗唱できるようになるとしても、最初から暗唱をめざさない。
⑥初歩の段階の学習として行われた。
⑦その後もしかし、剣道の素振りや楽器の指練習とおなじで、ウォーミングアップになる。
⑧日常的な言語ではなく、古文や漢文（つまり古典）が中心。オランダ語や英語

など、外国語習得にも応用された。

⑨中世以来さかんになり、江戸時代後期がピーク。明治以降は急速にすたれていった。

⑩かつては諸外国でも古典や聖典をまなぶのにおなじ方法をもちい、現在もおなじ方法をとっているばあいが多い（仏教、ユダヤ教、イスラム教、ヒンズー教など）。

(2) 音読《おんよ》み（＝直読《ちょくどく》）

狭義の「音読み」とは、個々の漢字を訓ではなく音で読むことである。仏典は呉音《ごおん》で読むのがふつうだが、そのほかの漢文は伝統的に漢音《かんおん》で読んできた。たとえば「人間」は呉音だと「にんげん」だが、漢音では「じんかん」と読み、俗世間の意味。

◎本書においてはしかし、漢文全体をそのままの音、そのままの語順で「直読」していくやり方も「音読み」と呼んでいる。

素読のばあい音読《おんどく》することは大切だが、音読みということば自体に、声をだすという意味はふくまれていない。

(3) 訓読《くんどく》(=読み下し・反読《はんどく》・句読《くとう》)

「訓読《くんよ》み」は音読みの反対語で、個々の漢字を日本語の意味で読んでいくこと。たとえば「秋」を「シュウ」と読むのが音読み、「あき」と読むのが訓読み。

これとまぎれやすいのが、「訓読」ということばであろう。お経式の直読とはちがって、漢文を返り点などにより日本語として「読み下して」いく伝統的な読み方で、しばしば語順がひっくり返るので「反読」ともいう。送り仮名や、返り点、句読点などを付してない漢文を「白文《はくぶん》」という。白文を句ごとに意味の区切り目をはっきりさせながら読んでいく作業を「句読」と呼んだ。

(4) 音訓式素読

(2)と(3)の漢文の読み方、つまり音読みと訓読を交互にはさんでいくやり方を、本書では「音訓式(素読)」と名づけてある。基本的には、第三章で紹介する「文選《もんぜん》読み」などともつながる方法。

◎ 本書に引用した漢文テキストでは、原則として音読みのフリガナは片仮名に、訓読のふりがなは平仮名に統一してある。
混同や誤解を避けるため、用語のつながりを図示しておこう。

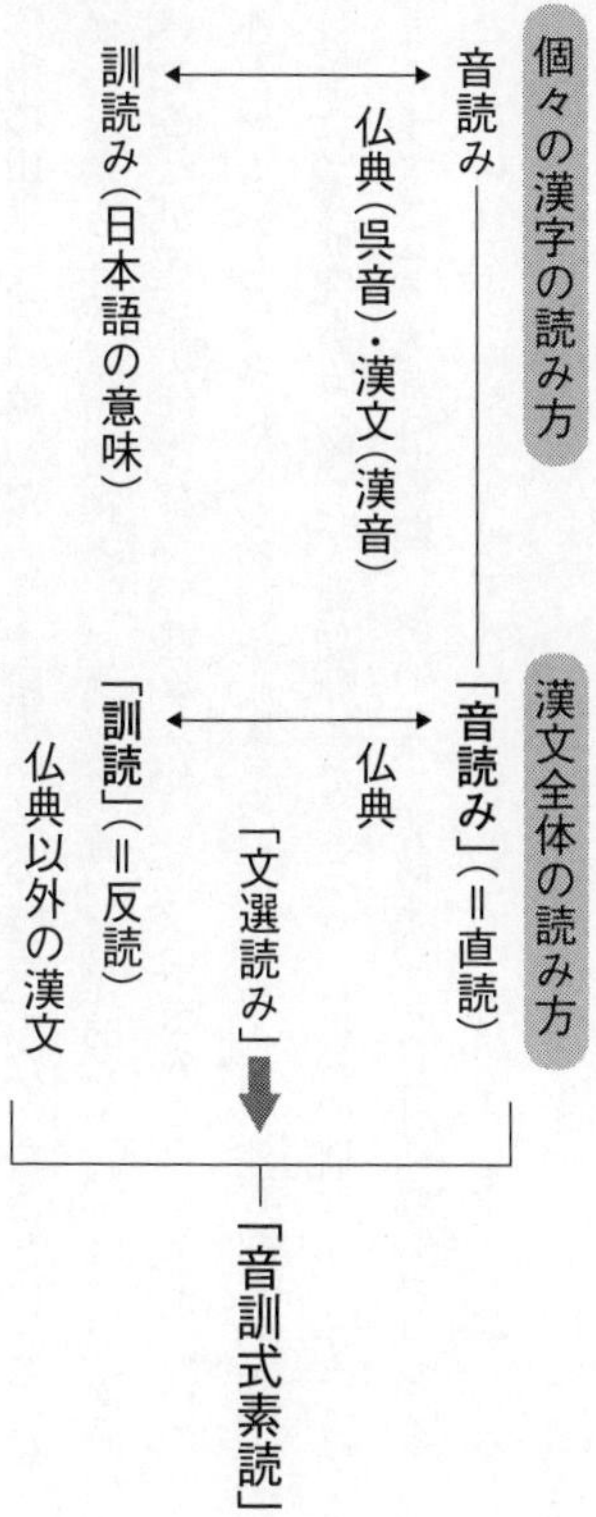

寺子屋のその後

「寺子屋の実際」を見学させてほしいという読者からの連絡が、今でも時おりある。子どもたちも大きくなり、長屋が手狭になったので、わたしたち家族は埼玉の中心部から群馬の山里に引っ越した。寺子屋も、その時点でたたむことになった。

しかしながら寺子屋の精神と、音訓式素読の具体的なやり方は、『素読のすすめ』を書いたことがきっかけとなって継承され、タンポポのように各地にひろがっていった。なかでもいちばん長くつづいているのが、百数十の保育園と幼稚園が加盟する「総合幼児教育研究会」(略して総幼研)であろう。最初の研修からすでに十数年(さらにまた十数年)、大部分の園において、漢詩素読が日課活動のひとつとして行われてきた。そのほか小中学生の学習塾の団体などで、音訓式を実践しているところもある。

声にだして読んでみよう

《李白》

静夜《セイヤ》思《シ》
牀前《シヨウゼン》 看月光《カンゲツコウ》
疑《ギ》是《ゼ》 地上霜《チジヨウソウ》
挙頭《キヨトウ》 望山月《ボウサンゲツ》
低頭《テイトウ》 思《シ》故郷《コキヨウ》

秋浦歌《シユウホカ》
白髪《ハクハツ》 三千丈《サンゼンジヨウ》
縁愁《エンシユウ》 似《ジ》箇長《コチヨウ》
不知《フチ》 明鏡裡《メイキヨウリ》

静夜《せいや》の思《おも》い
牀前《しょうぜん》 月光《げっこう》を看《み》る
疑《うたご》うらくは是《こ》れ 地上《ちじょう》の霜《しも》かと
頭《こうべ》を挙《あ》げて 山月《さんげつ》を望《のぞ》み
頭《こうべ》を低《た》れて 故郷《こきょう》を思《おも》う

秋浦《しゅうほ》の歌《うた》
白髪《はくはつ》 三千丈《さんぜんじょう》
愁《うれ》いに縁《よ》りて 箇《か》くの似《ごと》く長《なが》し
知《し》らず 明鏡《めいきょう》の裡《うち》

何処《カショ》 得秋霜《トクシユウソウ》

独坐《ドクザ》敬亭山《ケイテイザン》

衆鳥《シユウチヨウ》 高飛尽《コウヒジン》
孤雲《コウン》 独去閑《ドツキヨカン》
相看《ソウカン》 両不厭《リヨウフエン》
只有《シユウ》 敬亭山《ケイテイザン》

王昭君《オウシヨウクン》

昭君《シヨウクン》 払玉鞍《フツギヨクアン》
上馬《ジヨウバ》 啼紅頬《テイコウキヨウ》
今日《コンニチ》 漢宮人《カンキユウジン》
明朝《ミヨウチヨウ》 胡地妾《コチシヨウ》

何《いず》れの処《ところ》にか 秋霜《しゅうそう》を得《え》たる

独《ひと》り敬亭山《けいていざん》に坐《ざ》す

衆鳥《しゅうちょう》 高《たか》く飛《と》びて尽《つ》き
孤雲《こうん》 独《ひと》り去《さ》って閑《かん》なり
相看《あいみ》て 両《ふた》つながら厭《あ》かず
只《た》だ 敬亭山《けいていざん》有《あ》るのみ

王昭君《おうしょうくん》

昭君《しょうくん》 玉鞍《ぎょくあん》を払《はら》い
馬《うま》に上《の》りて 紅頬《こうきょう》 啼《な》く
今日《こんにち》 漢宮《かんきゅう》の人《ひと》
明朝《みょうちょう》 胡地《こち》の妾《しょう》

第二章

外国語早期教育と漢文素読

外国語嫌い

外国語は好きだが、外国や外国人は大嫌いという人がいる。英国嫌いの漱石などその筆頭であろう。反対に、外国は好きだが、どうも外国語には弱くてという人がいる。わたし自身もふくめて、大部分の日本人はこちらのほうらしい。

新聞やちらしなどで、母と子の英語リズム保育、幼児のための英語教室といった写真いりの広告をよく見かける。大きな書店には、幼児向けの英語教科書と視聴覚教材の特設コーナーすらあって、慢性的な外国語コンプレックスに悩んでいるわたしたち日本民族には、これこそ起死回生の妙薬とも思えてくるのだ。

このような風潮はしかし日本だけのことではないらしい。最近の新聞を読むと、外国語教育に従来あまり熱心でないといわれてきたアメリカ人のあいだでも、就学前の幼児に外国語(もちろん日本語も含まれている!)を教えることが流行しているとのこと。外国語を習うことによって精神的な発達が促進される。二カ国語を話す子どもは、一カ国語だけの子どもより抽象概念につよく、柔軟な思考力をもち、想像力もゆたかである——といった専門家の研究結果が、こうした傾向に拍車をかけ、外国語を習得していないことを自ら残念がっていた親たちが、わが子に夢を託す。自分のルーツのことばを習わせようというケースは意外に少ないらしく、全般的にいって、わたしたちの状況とかなり似通っている。

ところで、アメリカのことはさておき、わたしたち日本人のばあい、英語の早期教育を受けた生徒は、はたして英語が得意になっていくのだろうか。

わたしより数年若い世代の友人や同僚に聞いてみると、幼稚園や小学校のころ英語を習わされたという人が結構いる。戦後の焼け野原で一日中バッタや蟬を追いまわし、「青空幼稚園」の出身だと子どもたちに吹聴していたわたしにとって、これはいささか驚きであった。が、皮肉なことに、そうした恵まれた条件が彼らを英語好きにしたかというと、せっかくの遊び時間を奪われ、外国語アレルギーを植えつけられたという、一種怨念めいた気持ちを抱いているばあいが少なくない。

たとえば『現代英語教育』(一九八六年四月号)の特集「生徒のホンネとその対処法」を読んでみると、「アンケートにみる大学生の意識」と題して、はじめのほうで早期英語教育の影響について触れている。

大学生・短大生一万三百八十一名の回答者のうち、中学入学前に英語教育を受けた者は、約三十一パーセント(そのうち約六十八パーセントが塾で学んだ)。成績とのつながりが示されていないのが残念だが、そのときの学習が後で役にたったと考える者、約四十パーセント、役にたたなかったと考える者、約三十七パーセント。幼稚園で習った者二百十一名（全体の約二パーセント）のうち、高校時の英語嫌いは約四十二パーセントで、全体の平均三十五パーセントを上まわっている。小学校や塾などでの学習者は、高校時の英語嫌いが三割前後で、平均をやや下まわる。

つまり、中学、高校と進むにしたがって英語嫌いがふえ、三人に一人は英語が嫌いになる。中学入学前の英語学習は必ずしもそうした傾向をくいとめる働きをしておらず、幼稚園の英語学習は、現状ではむしろマイナス面の方が大きいことがうかがわれる。

ピアノのレッスンや水泳教室などについても言えることだが、早期教育そのものがどんなに効果的であろうと、押しつけによって子どもに嫌悪感を植えつけてしまうのでは元も子もない。子どもの興味と楽しみを「引きだす」ことこそ、早期教育のかなめであろう。

就寝前の読み聞かせと母の語りかけ

わたしたち夫婦の共通の友人で、小学生のころ、おじいさんから論語や史記、唐詩選などの素読を受けたことがあるという女性がいる。週に一、二回、姉といっしょに座敷に正座して、一時間ほどオウムのように繰りかえしただけだが、あいまには中国の歴史の興味深い話など聞かせてもらい、テストもなかったので、むしろ楽しい思い出だとのこと。

この人——Mさんと呼んでおこう——は、高校時代、AFS交換留学生としてアメリカで一年間をすごしている。会話のはしばしに感じられることだが、Mさんは記憶が非常に正確で、わたしたちが何年も前に話して、とっくに忘れてしまったようなことでも、鮮明に覚えているのには舌を巻く。天性の素質もあるだろうが、やはり小さいときから素読を受けたことが記憶力や把握力と関係してくるのではなかろうか。

アメリカではさまざまの会合でスピーチをすることが義務づけられていたので、原稿書きから丸暗記までずいぶん苦労をしたが、練習を丹念に徹底的にくりかえすことによって、最後には英語で夢をみるまでになったという。

母親としても稀にみる包容力をそなえたMさんは、夜寝るまえに、四人のお子さんたちに、新聞や、聖書、雑誌、童話、サザエさんなどを読んでやることを楽しみにしており、時にはグリム童話などを英語で読むこともある。押しつけやテストではなく、「本人も楽しんでやれる内容でないと自分自身つまらないですから」と語っていた。

読者のなかには、素読というと非常にとっつきにくい感じがして、自分にはとうてい無理だと決めこんでいる方がおられるかもしれない。けれども、絵本の読み聞かせというのは、実は素読の方法なのである。試みに、子どもが生まれて二、三カ月のときから、膝にのせて、くりかえし絵本を読み聞かせてみてほしい。最初はまるで通じていないように思える。が、かなり早い時期から的確な反応を示すようになり、声をたてて笑うのも早いはずだ。

素読の原型は、母の語りかけにさかのぼる。生まれたばかりの、まだ目が見えない赤子でも、母の声音《こわね》は敏感に聞き分ける。早期外国語教育でやきもきするまえに、あなたはまず自分の胸に手をあててたずねてみるがいい、毎日毎日、心をこめて自分の子どもに語りかけてきたかどうかを。あなたの心がつねにその場に居合わせたかどうかを。母やまわりの人の語りかける一つ一つのことばによって、子どもの柔軟な脳のひだは、深く細やかに耕されていく。語りかけを惜しむ母親は、人間になろうとする子どもの努力を無視して、いわば動物の子を育てているようなものだ。

泳げないアヒル

かつてわたしの義弟が農家を借りて、庭先で二羽のアヒルの雛を飼いはじめた。一羽は雄、もう一羽は雌。ふだんは、くちばしで地面をほじくりかえし、そこらじゅう糞だらけにしてガアガア鳴きわめいているだけなので、たいして手もかからない。けれども、ときおり生垣の隙間をうまくくぐりぬけて、遠征するようなことがあると、とんでもない騒ぎがもちあがった。

近所に巾五、六十センチほどの農業用水路があり、二羽のアヒルがそこを通りすぎると、とくに夏のあつい日など、どうしてもひと浴びしたくなってしまうらしい。まず雄がさっそうと泳ぎはじめ、おくれじと雌も飛びこむ。一かき、二かき、三かき……そのへんまでは順調だが、ゆうゆうと泳ぎすすむ雄のすぐうしろで、雌の体がみるみる沈みはじめ、流れにおしもどされて、難破船の舳先のようにかろうじて水面から首をつきだしているようなありさま。けたたましい悲鳴を聞きつけて、わたしたちがすぐかけつけなければ、きっとそのままおぼれ死んでしまったにちがいない。一再ならず、性懲《しょうこ》りもなく何度でもおなじことをくりかえすので、とうとう二羽とも外出禁止になってしまった。

アヒルの身にしてみれば、なんとも気の毒な話だが、泳げないアヒル、おぼれるアヒルではさまにならない。なぜこの雌アヒルだけ泳げなかったかというと、羽毛の防水がまるでできておらず、体じゅうに水がしみこんで、たちまち沈んでしまうからなのである。アヒルにかぎらず、水鳥はみな、尾っぽのつけ根にある「尾脂腺《びしせん》」からでる油を、羽づくろいの際にくちばしでつついて羽毛にぬり、水をはじくようにしている。そんな姿をみなさんもたぶん、公園の池のはたなどで見かけたことがあるにちがいない。

では、あの雌のアヒルは怠けもので、羽づくろいを怠っていたのだろうか？

いや、怠っていたのではなく、もともと羽づくろいということを知らず、羽づくろいが身についていなかったのである。たまたま雛のとき、羽づくろいの仕方、尾脂腺による防水のやり方などを、親アヒルから習得するチャンスが与えられなかったために、今となっては、永久に泳げないアヒルのまま過ごすしかない。大きくなってから、いくら仲間が目のまえでせっせと羽づくろいを実演してくれても、そのための決定的な学習時期をのがしてしまった以上、今からではもうおそすぎる。人間がどんなにやきもきしても、もはやとりかえしがつかないのである。

一般に、卵からかえったあと、かなり早い時期に巣を離れるガンやカモなど水鳥の類は、この決定的な学習時期が非常にみじかいといわれている。

わたしの義弟がアヒルを飼いはじめたとき、二羽ともまだようやく雛に毛がはえそろった程度の大きさだった。けれども、おそらく日数がやや上の雄のほうは、羽づくろいをまなぶ大切な時期を、親アヒルないしほかのアヒルとともに過ごすことができたのだろう。ほんの紙一重の差で、まさに一期一会。雌アヒルのほうは、卵を産むようになってからも、自分の産んだ卵をほっぽらかしたまま、ほっつき歩いていた。母親の育児の姿にまったく触れることなく、孤児のようにそだてられたとしか思えない。

刷りこみの不思議

ガンやカモの雛は、卵からかえってはじめてであったうごく物体を、親だと思って四六時中ついてまわる。つまり、生まれながらにそなわっている本能のほかに、生まれた直後に学習したことがプラスされて、習性になるのである。たまたまその相手が人間なら人間に、犬なら犬に、模型のおもちゃなら模型のおもちゃに……しかも、そ

秋田犬「ハク」のあとをついていくカモのひな（宮城県・遠刈田温泉「やまびこ山荘」の飼犬。1988年発行の官製絵入りはがきより）

のようにしていったん形成された習性は、終生、修正がきかない。

たとえば今、宮城県の遠刈田《とおがった》という温泉町の郵便局からだされている絵葉書を見てみると、フランスガモの雛たちがぞろぞろと秋田犬のあとをついて歩き、頭や背中に平気でよじのぼっている様子が写っている。こわがるどころか、カモたちは最初に目にふれたこの犬こそ自分の親であると信じきっている。だから、なるべく親のまねをして、同じしぐさを身につけようと懸命で、やがて大きくなったとき、このカモたちは求愛の相手として犬をえらぶことになるはず。

このように、生後ある一定の期間の学習が、その動物にとって決定的な役割をはたし、生涯にわたって持続していくことが、さまざまな実験を通じてあきらかになってきた。ノーベル賞を受賞したオーストリアの動物学者コンラート・ローレンツ博士(一九〇三―八九)は、こうした現象を「刷りこみ」と命名した。今では動物行動学の大切な用語として定着し、一般にもかなりつかわれるようになっている。

本能＋学習→習性
〔刷りこみ〕

独創は模倣にはじまる

鳥の話ばかりつづいて恐縮だが、ついでに、もうひとつ。

学習の「習」という漢字について。論語冒頭の注釈や漢和字典におもしろい記述がある。習の上半分は「羽」、下半分は「白」だが、ほんらいは「自」や「摺」とおなじで、「かさねる」意味だとのこと。巣立ちまえの雛が、なんども羽をうごかして飛ぼうとする。その動作を「習」という字であらわしているのである。

けれども、雛は、内側からの本能だけにうながされて飛ぼうとするのではない。それまでに親鳥の飛ぶすがたを、なんどもなんども見てそだってきたので、そのイメージを一生懸命にまねているのである。「学ぶ」というのは、そのように、すでに外から与えられているものを内から受けとめ直すことであり、日本語の「まなぶ」も、「まねぶ」こと、つまり真似することを意味する。

たとえば、お習字をならうばあい、お手本を忠実になぞり、一点一画を徹底的にまねする時期がなければ、先々の進歩は望めない。剣道のすべてのわざの基本には、素振りが不可欠。日本人は、先進国から、人まねばかりしていると非難されてきたため、近ごろでは、その反動でやたらに独創を気にするようになった。けれども、真の独創は、模倣を突きぬけたところからでてくる。

子どもがいきなり作文を書けといわれても、ことばのお習字、ことばの素振りが土台になければ、書きようがない。セメントや砂利や砂をわたさずに、コンクリート建てのビルをつくれといわれたら、だれだって困惑するだろう。

マザリーズが素読の原型

マザリーズというのは、やや耳なれないことばかもしれない。日本語をジャパニーズ、中国語をチャイニーズというのとおなじに、母親のことばをマザリーズ（motherese）と呼ぶ。「母さん語」とでも訳したらいいだろうか。

かつて同僚だった志村洋子先生が、欧米の研究などを手がかりに、日本でもマザリーズの研究をすすめている。

赤ちゃんは非常に早い時期から、母親の語りかける声に敏感に反応することが、経験的にわかっているが、どのような声にたいして、どのような反応をしめすかを、具体的にしらべてみたところ、いくつかの特徴があきらかになったとのこと。ここでは、母親のどのような語りかけが赤ちゃんにとって快いものであるか、という点に話をしぼって、箇条書きにしてみた。

（1）母親と赤ちゃんの「声の高さ」がおなじくらいになる、つまり高くなる。これは、赤ちゃんのだす声の高さにひきずられて、母親の声も無意識のうちに高くなるためである。

（2）母親の語りかけは、ふつうの会話より「イントネーション」（声の上げ下げ）

がゆたかで、音楽的。

（3）おなじことばの「くりかえし」が大切。

（4）受けこたえの「間」が大切で、細やかに赤ちゃんのようすを見ながら話しかける必要がある。一方的なはなしかけや、間がとりにくい場合、赤ちゃんは不快感をしめす。

テレビや新聞を見ながら、赤ちゃんの顔などそっちのけで授乳している母親を見かけることが多くなった。おしめをかえるときも、着がえをしてやるときも、むっつりと黙ったまま。たまに声をだしても、棍棒のようにぶっきらぼう。これでは、赤ちゃんならずとも、ギャーとわめきたくなる。

昔はお年寄りが、赤ちゃんにはなしかけることの大切さを身をもっておしえてくれたが、核家族時代の今、身近な手本もなく、助言なしでそだった母親がふえたのだろう。これもやはり、刷りこみの欠如といっていい。

すでに述べたように、このマザリーズ（母の語りかけ）こそは、素読の原型である。もちろん、赤ちゃんのように甲高い声をだせといっているわけではない。

江戸時代の胎教とは

江戸時代の儒者、伊藤仁斎《じんさい》（一六二七―一七〇五）は、四十を過ぎてからようやく結婚し、四十四のとき、長男の東涯《とうがい》が生まれた。妻の妊娠を知った仁斎は、毎夜、孝経や聖経賢伝などを読んで聞かせたという。一般に、この時代には、胎教についての論議がさかんだったらしく、胎教のおかげかどうか、この東涯は日本人としてもっとも見事な漢文を書いたひとりだといわれている。仁斎には五人の息子がいたが、みなそろって秀才であった。

胎教にはやや迷信的な部分があるにしても、まだおなかのなかにいるころから、耳がすでにはたらいていることは、科学的にも実証されている。しかも、臨終のとき、心臓がとまっても、まだ耳だけははたらいているらしい（故に、枕元ではあまり本人の悪口などいわないほうがいい）。手術を受けてきたばかりのわたしの友人も、麻酔をされて手術室にはいるとき、次第にひびきが遠のき、ふたたび意識がもどってきたときも、まずひびきが聞こえたと言っていた。

胎内から臨終まで、人間が目よりも長くつきあうのが耳であり、聴覚は、人格のいちばん深部から人間をささえている。

明治維新の共通語

幕末から維新にかけて、諸藩の武士たちは国事に奔走し、会合をもつことがふえた。けれども方言の違いが大きすぎて、なかなか話がかみあわない。いろいろ頭をひねった挙げ句、武士のたしなみであった謡曲のことばと発音を用いてみたら、案外うまく通じるようになったという。

漢語が流行しはじめたのも、まさにこの時代である。文語としての性格が強かった漢語には、方言の影響がほとんどなく、ヨーロッパにおけるラテン語のように、知識人たちの共通語としての役割を果たすことができたわけである。江戸が東京に改められただけではない。たとえば、それまで髪結床《かみゆいどこ》あるいは髪床《かみどこ》だったのが「理髪店」になり、八っつぁん、熊さん連中は、もしも漢字が読めたなら、看板を見て大いに面食らったにちがいない。漢文に対する意味で「国語」という名称が用いられるようになった。書生は謝る気もないくせに、やたらと「失敬」を連発し、女学生は「失礼しちまうわ」などと応酬する。新聞、社説、汽車、鉄道、停車場、自転車などの翻訳語が、短くて造語力のある漢字に頼ったことは言うまでもない。

日本語のこのような変化を明確に跡づけているのは、ヘボン博士（James Curtis Hepburn 一八一五―一九一一）の『和英語林集成』である。初版が慶応三年（一八六七）、大幅に改訂・増補した再版が明治五年（一八七二）、さらに全面的な改訂・増補をほどこした三版が明治十九年に出されている。第三版の序文を見ると、再版刊行後十四年のあいだに、あらゆる分野における日本語の語彙が著しく変化したので、新語を蒐集整理して一万語以上補ったが、その大部分は漢語であるとのこと。いくつか例を挙げてみると、第三版に、

KWAN-JA　クワンジャ　患者　(yamitaru mono) *n.* A sick person, patient.

という語が記載されている。これは前の二つの版にないので新語らしいことが予想され、実際、高梨健吉『文明開化の英語』には、この語をめぐる明治の英学者和田《わだ》垣謙《がきけん》三《ぞう》博士のユーモラスな挿話が紹介されている。明治五年、数え年十三で今の兵庫から上京したばかりの謙三少年は、町で「患者入口」という標札を見かけた。漢文の連想で、てっきりこれは天下国家を「患《うりょ》うる者」たちの集まりにちがいないと感心して中

にはいっていき、医者や病人ばかりいたのであわてて飛びだしてきたという。

同じく第三版にある、

YŌCHIYEN　ヱウチヱン　幼稚園　*n.* Kindergarten.

という語は、後で紹介する中村正直の訳語ではないかと言われている。幼稚園という名称が最初に用いられたのは、明治九年開園の東京女子師範学校附属幼稚園である。

明治初年には政治論が盛んになり、雄勁《ゆうけい》な漢文調が好まれた。また法律用語は支那の『大明律《だいみんりつ》』を基にしているため、司法官になるためには漢語の知識が不可欠であった。医学生の試験においてさえ、漢文の解釈や、白文《はくぶん》（句読点、訓点なしの原文）に訓点を付すことが求められた。「今の参議は皆書生」と唄われたように、西郷隆盛、勝海舟、大村益次郎《ますじろう》、木戸孝允《たかよし》、大久保利通《としみち》、伊藤博文など、明治維新の功労者たちはほとんど下級武士の出身で、彼らの思想や学問の根底をつちかったのは漢学であった。後で蘭学や英学に切りかえた者も多いが、幼いころからみな素読の基礎訓練を受け、たんに漢籍を読みこなすだけでなく、自らの思想や感慨を漢文や漢詩に託すことができた。

江戸後期に頂点を迎えたその伝統は、中江兆民《ちょうみん》（一八四七―一九〇一）、森鷗外（一八六二―一九二二）、夏目漱石（一八六七―一九一六）、島崎藤村（一八七二―一九四三）などの時代にいたるまで続き、それ以後、西欧文化の受容にともなって急速にすたれていく。前章ですでに小川家の兄弟について触れたごとく、素読の伝統は漢学者の系統の家などで、わずかに余塵《よじん》を保っていたにすぎない。

明治の漢学の盛衰

明治五年、西欧（とくにフランスの制度）にならった学制の改革がおこなわれ、私塾、寺子屋、藩校などは閉鎖を命じられた。漢学でつちかわれた底力が明治維新を支えてきたにもかかわらず、この年を境目として欧化の波はいよいよ激しく岸辺を洗い、薩長出身の出世組も、旧幕の下級武士の出身者も、またそれ以外の庶民も、我先にヨーロッパ語の学習に身を投じつつあった。

ところが西南戦争平定のあと、板垣退助を中心とする自由民権運動がさかんになるにつれ、文部省は西洋思想心酔の行き過ぎを心配して、東洋道徳重視の方向を打ちだし、漢学塾がふたたび隆盛をみるにいたる。

明治十八年、伊藤博文の新内閣組閣にともない森有礼《ありのり》が文部大臣になったので、またしても極端な欧化模倣の時代が訪れ、これが二十年ごろまで続く。

幕末から明治前半にかけて、羅針盤が目まぐるしく動き、五里霧中、和漢蘭洋どちらの岸辺を目指しているのか「分からんよう」というのが、庶民の実感であったろう。

中村正直と明六社

徳川三百年の平和は、まがりなりにも儒教のイデオロギーによって支えられてきた。今やしかし、旧体制の崩壊に直面して、日本国民は指針を見失い、新時代をになうに足る実践的な思想をもとめていた。

福沢諭吉とならんで明治の青年たちに大きな影響を与えた中村正直《まさなお》（敬宇《けいう》、一八三二―九一）の名は、スマイルズの『西国《さいこく》立志編』（Self-Help）の翻訳者として以外、今日ではあまり知られていないが、活発な文筆活動を通じてだけでなく、教育者として地道な足跡をのこした点でも両者は非常に似通っている。諭吉が文明開化の知的側面を推進する啓蒙思想家だとすれば、正直はその道徳的側面を代表する一人だといってよかろう。儒者であり、同時にすぐれた洋学者でもあった正直は、西洋文明の精髄をキリスト教に見いだし、儒教とキリスト教の一致点を真剣に模索して、ついには自ら受洗するに至る。

明治六年、アメリカから帰朝したばかりの森有礼の提唱で、啓蒙思想家の学術団体である「明六社《めいろくしゃ》」が結成された。初代社長の森有礼以下、福沢諭吉、西周《にしあまね》、西村茂樹、津田真道《まみち》など十一名、中村正直もこれに参加している。その後、会員は三十余名にふえるが、いずれも下級武士層の出身者であり、漢学の素養を土台として早くから外国語の知識を身につけた人々であるという点で共通している（『明治啓蒙思想集』の巻末参照）。

翌年から『明六雑誌』を発刊、毎号二十ページたらずの小冊子だが、日本の雑誌のはじまりといわれ、文明開化の象徴として指導的な役割を果たしていった。

中村正直の漢文擁護論

明治十二年一月、四十八歳の正直は、東京学士会院創設にあたって創立会員に選ばれた。

ここに紹介する三つの論文は、正直が例会における報告をまとめて『東京学士会院雑誌』に発表したもので、いずれも漢文教育の問題を扱っている。たがいに重複している内容もあるので、三つの論文全体をテーマごとに整理しなおし、かなり説明を補ってある。

『四書素読ノ論』（第三編第二冊）。

『古典講習科乙部開設ニ就《つ》キ感アリ書シテ生徒ニ示ス』（第五編）十六年四月二十五日。

『漢学不可廃論』（四）漢学ノ基《もと》アル者ハ洋学ニ進ミ非常ノ効力ヲ顕《あら》ハス事（第九編第四冊）二十年五月八日（この論文は、漢学および中国文化全体について論じたものだが、ここでは二番目の論文とのつながりで、最後の部分だけを取り上げた）。

幼時からロンドン留学まで

正直はまず、彼自身が幼いときから受けてきた素読教育について語っている。三歳で正直は、師について素読と書法を学びはじめ、最初に大学をならった。四書

（大学、中庸、論語、孟子）を終え、五経（易経、詩経、書経、礼記《らいき》、春秋）に至って、唐詩選もいっしょに習う。

九歳からおよそ一年間は、素読吟味の準備のため、四書五経と小学をくりかえし読むだけで、それ以外のことは何もしなかった。やがて、十歳のとき、昌平黌《しょうへいこう》の素読吟味を受けて、甲科の成績でほうびに白銀三枚を与えられる。

この素読吟味というのは、毎年十月ごろ、昌平黌の学問所において、林大学頭《はやしだいがくのかみ》、目付、儒者、列座の前で、四書五経および小学を読みおえた旗本の子弟が、素読の試験を受け、成績によって甲乙丙の三等級に分けられたのである。

正直自身は述べていないが、十歳の子どもがこの吟味を受けたのは、昌平黌はじまって以来のことであった。

以下、英国留学までの略歴を補っておく。

十五歳のとき、正直は井部香山《いべこうざん》の塾に入り、十六歳で、ひそかに蘭学を学びはじめる。当時としては、いのちの危険をともなうことであった。十七歳で昌平黌の寄宿舎に入り、二十四歳で学問所教授出役を命ぜられて、十人扶持《ぶち》を受けた。このころ英学にも関心を向けている。その後、文久二年、三十一歳の若さで、漢学者として最高峰の「儒者」に列せられ、二百俵十五人扶持を与えられた。

慶応二年、幕府は諸学の研究を目的として英国へ留学生を派遣することになった。正直は歩兵頭並《ほへいがしらなみ》の川路太郎とともに取締役として、十二名の留学生を率いてロンドンに向かう。語学中心の試験によって選ばれた留学生のほとんどが、洋学者、洋医者の子弟で、年齢からいってもかなり若い（十二歳から二十三歳）。当時、正直はすでに三十五歳、しかも儒者が同行するというのはまったく異例のことであった。それは、あらかじめ彼が『留学奉願《ねがいたてまつり》候《そうろう》存寄《ぞんじより》書付《のかきつけ》』を幕府に上申して、儒者としての積極的な洋学観を述べ、みずから西洋学術検討の任に当たるべきことを主張していたためである。

素読の益

ロンドン留学とのつながりで、正直は、素読の益について簡単に触れている。

三十五歳ニ及ビ、英国ニ留学シ、ソノ後十余年四書五経ヲ開クニ暇《いとま》ナケレトモ、胸中恍惚トシテ、頗《すこ》フル記憶スル者アルカ如キハ、素読ノ益也《なり》トイハザルヲ得ズ。

ちなみに、ロンドンの下宿で正直のすぐ上の部屋にいた林董《ただす》（のちに外務大臣となる）の回想によれば、毎朝五時ごろから八家文、左伝、史記などを朗読する声が聞こえてきた。これらの書籍を旅先でいったいどこから手に入れたのか不審に思って、正直にたずねたところ、読書ではなく暗誦だったので、敬服の念にたえなかったという。正直の博覧強記ぶりがうかがわれる。夜八時には寝て、朝三時に起きるのが、晩年にいたるまで日常生活の基調であった。

音読みと訓読の併用

正直は、素読のやり方について、江戸末期の儒学者、塩谷宕陰《しおのやとういん》（一八〇九―六七）から聞いた話を紹介している。宕陰の父は、宕陰に素読を教えるとき、訓読と直読とをかさねて読ませた。たとえば、

「学《まな》びて時《とき》に之《こ》れを習《なら》う　ガクジジシュウシ」
「亦《ま》た説《よろこ》ばしからずや　フエキエッコ」

といったぐあいに読んでいく〔訓読のほうが先にくる点だけ、冒頭に示したわたしたちのやり方と異なる〕。今になってみれば、漢文を書くとき語順を転倒するということがなく、父に感謝している、と。正直自身もこの併読法を実行していたのかどうか、定かでないが、正直は中国音が得意で、中国人とも流暢《りゅうちょう》に会話ができたそうだから、ふだん漢文を読むときは、やはり直読していたのかもしれない。

漢文そのままか、書き下し文か

明治維新のあと、欧米の学問が盛んになるにつれて、漢学がすっかり衰えてしまった。小学校で学ぶ科目がふえたため、四書の素読はまったく途絶え、仮名まじりの教科書ばかり読むようになった。しかしながら、そのような教科書の内容は、あまりに卑近で、底が浅すぎる。反復熟誦して一生の利益となる、論語や四書のような深みが欠けている。

そうした欠点を補うため、文部省は、四書などの引用を集めた修身訓の教科書をだすことにした。引用はすべて読みやすいように、初めから読み下し文にしてある。だが、むしろ漢文をそのまま熟読暗記させる昔のやり方のほうが得策なのではなかろうか。

すなわち、正直のねらいは、意味を理解させることを主眼とした読み下し文のやり方を批判し、旧来の素読のやり方の長所を述べることにある。

以下、正直はその理由を列挙していく。

①字くばりの第一印象

子どもは、暗記するとき、耳と口だけでなく、目も用いる。したがって、初めに見た語順がそのまま脳裏に刻みこまれる。たとえば、『礼記《らいき》』の原文で、

玉《ギヨク》不《フ》レ琢《タク》不《フ》レ成《セイ》レ器《キ》、人《ジン》不《フ》レ学《ガク》不《フ》レ知《チ》レ道《ドウ》

とあるのを、小学修身訓第一の読み下し文では、

玉琢《たまみが》カザレバ、器《うつわ》ヲ成《な》サズ、人学《ひとまな》バザレバ、道《みち》ヲ知《し》ラズ

という形で習う。玉不琢という組み合わせではなく、玉琢という二字が第一印象として刻まれてしまうことになり、あとで原文に接しても最初の印象は改めにくい。それならば、むしろ、はじめから元の形で覚えておくほうが良いのではなかろうか。

余《よ》思フニ小児ノ時既《すで》ニ記臆《ママ》シタル事ハ木ノ皮ニ文字ヲ刻ムガ如シ、ソノ木ノ大キクナルニ随《した》ガヒ文字モ亦《また》大ナリ、況《いわん》ヤ既ニ印識シタルモノヲ除キ去リ又之《これ》ヲ改ムルハ決シテ能《あた》ハザル事ナリ。

② 実字と虚字

非常におおざっぱな言い方をすれば、読み下し文にしても残る漢字が実字、消えてしまいがちなのが虚字である。名詞、代名詞、形容詞、動詞、副詞を実字と呼び、前置詞、接続詞、終尾詞、感動詞などを虚字と呼ぶ(たとえば、乎、於、矣、など)。

実字《ジツジ》観《カン》二義理《ギリ》一、虚字《キョジ》審《シン》二精神《セイシン》一。実字は義理(=意味)を観《み》、虚字は精神を審《つまび》らかにす。

これは、漢字を読むうえで大切な心得だが、読み下し文だと虚字の精神が失われてしまい、語勢や文体の妙が伝わらないうらみがある。幼児の頭脳がまだ柔軟なうちに、配置を変えた偽物ではなく、原文そのままの本物を与えたい。

③ 労力のエコノミー

小学教科書程度の漢字の力だけでは、いずれにしろ新聞も読めない。素読は、はじめはむつかしくても、後になれば「無限ノ利益」をもたらし、結局は「労力ノヱコ《ママ》ノミー（経済）」になる。

漢学の下地が底力をつちかう

開国後、急速に西洋の文物がはいってきた。世の流行は激しく変化し、ひとたびは捨てて顧みられなかった豆腐、味噌、醤油、日本画、仏典、漢籍などが、明治十年ごろの復古のきざしによってふたたび見なおされたりしている。一時の風潮にしたがって盛衰をくりかえしても、真価のあるものは必ず評価を回復するようになる。
明治年間まで盛んに行われてきた漢学も、今や昔日の面影が見られない。しかし、現在活躍している洋学者や、政府の要人を見てみると、みな漢学の下地がある人たちばかりである。

漢学ノ素《そ》無キ者ハ、或《あるい》ハ七八年、或ハ十余年、西洋ニ留学シ、帰国スルノ後ト雖《いえど》モ、頭角ノ嶄然《ざんぜん》タルヲ露《あら》ハサズ、其《その》運用ノ力乏シク、殊《こと》ニ翻訳ニ至リテハ決シテ手ヲ下ス能《あた》ハサルナリ、然《しか》ラハ則《すなわち》今日朝野《ちょうや》ノ間ニ在リテ、卓然トシテ衆ニ顕《あら》ハレ、有用ノ人物ト推サルゝ者、漢学者ニ非サルハ無シト断言スルモ可ナリ。

しかしながら、明治維新を支えた漢学の力は、一朝一夕につちかわれたものではない。その淵源は遠く千五百年の昔にまでさかのぼる（正直はここで、応神天皇から幕末にいたる漢学の歴史を概観し、略述している）。
漢学が諸学の下地になるという論旨にそって、正直はさらに、自分の子どもの例などを挙げている。

ロンドンから帰った正直は子どもに漢学をやめさせ、英学を学ばせることにした。ところが、初めのうちこそ進歩したが、難しいところにさしかかったら、ぱったり伸びが止まってしまった。

余《よ》ハ、児輩《じはい》ヲシテ、一時漢学ヲ廃《はい》セシメタルニ懲《こ》ルル事アリ、故ニコノ論ヲ為《な》シテ、学士諸君ニ質《ただ》スト云《い》フ爾《しか》リ。

また、少時に洋行して中年に帰朝した「一両輩」を見たが、語学のみ上達し、進みにくいところで進歩が止まってしまった。漢学の基礎があって留学した者とは、雲泥の差がある。ことによると正直は、英国留学に同行した箕作《みつくり》兄弟のことを念頭においているのかもしれない。二人は外国奉行支配調役《しらべやく》次席翻訳御用の箕作秋坪《しゅうへい》の息子で、当時、兄の奎吾《けいご》は十五歳、弟の大六は十二歳であった。ロンドン留学中、年長の正直や川路（二十三歳）、岩佐（二十二歳）、安井（二十歳）などは、英語の進歩が遅くて苦労し、箕作兄弟がもっとも速かったという。

早期教育と漢文素読

以上、中村正直の漢文擁護論の紹介にかなりのスペースをさいてきた。全体をつらぬく考え方の骨子は、素読という昔ながらのやり方が、一見、無駄な遠回りのように見えて、実は日本語および外国語の根底をつちかうすぐれた方法だということである。外国語早期教育以前の問題として、むしろ漢文による日本語教育を徹底させておくことのほうが、先に行ってから着実な進歩をもたらす。

たとえてみれば、これは、あらかじめ堆肥をしこんでおく有機農法と、化学肥料による促成栽培との違いのようなものであろう。地面深く根を張るのに時間がかかるかもしれないが、結局はじっくりと、たくましい株に育っていく。

素読というのは、簡単にいえば、文章の意味理解を後まわしにして、ひたすら朗誦していくやり方だ。それでなくても漢文は、簡潔きわまりない形で書かれている。省略が非常に多く、凝縮した文章なので、ただちには理解しがたい。だが時がたつにつれて、徐々にことばの力が発揮されていく。それと反対に、理解しやすい題材ばかり、速効性の肥料のように大量に与えたばあい、子どもは知識過剰によって、早熟におちいる危険がある。

たとえば、ジャン＝ジャック・ルソー（一七一二―七八）の例を挙げてみよう。誕生と同時に母を失ったルソーは、五、六歳のころから、母が残した空想的恋愛小説を、毎晩おそくまで父といっしょに読みふけったという。はじめのうちはもちろん、父が朗読してくれたのであろう。その結果、ルソーの理解力は飛躍的に高められたわけだが、生来の感受性が倍加され、彼は実人生に触れないうちからすでに、あらゆる感情に通じた早熟な子どもに育っていく。

七歳ぐらいまで、このような偏った読書がつづいたあと、二人は母の蔵書をすっかりかたづけて、こんどは母方の祖父がのこした歴史書などにとりかかる。時計職人であった父が仕事をしているかたわらで長時間本を読みきかせることが、幼いルソーの役目になり、知らないままに素読に近い方法を実行していたわけである。特にプルタルコスは彼の終生の愛読書になり、この本をくりかえし読んだおかげで、いくぶん小説の影響からいやされたと述べている。

まもなく、こういう危険な方法で、すらすら読んだり、わかったりする力がついたばかりでなく、人間の情熱について、わたしの年ごろとしては例外といっていい理解力を得てしまった。まだ実際の事柄がどんなことかまるで知らないくせに、あらゆる感情がもうわたしにわかっていた。まだ何も理解しないのに、すべてを感じた。こういう漠とした情緒をつぎつぎ味わっていたけれども、まだ理性をもたなかったから、理性がおかされることはなかった。しかし、こういう情緒はわたしの理性をいっぷう変わったものにしてしまい、人生について奇妙な小説的《ロマネスク》な考えをいだかせるにいたった。これは経験や反省の力でどうしても矯正できないものだった。

『告白』第一部第一巻

語り手としてのルソーのあの奔放無比な力は、こうした幼い時期の、想像力と感情の惑溺《わくでき》のなかでつちかわれたものであろう。だが同時にそのことが、想像力の肥大化を招いたことに、わたしたちは注意をはらう必要がある。自分自身が本のなかで育ったにもかかわらず、ルソーは本やことばに対してかなり否定的であり、子どもの時代には肉体と感性を育てることに専念すべきだと主張している。

ところで、素読という方法は、もっぱら目と耳と口に、つまり感性にはたらきかける。意味をほとんど説明しないことによって、一種の欠乏状態をつくりだし、理性はむしろ待ったをかけられる。厖大な量の知識に触れておりながら、子どものうちでそれはまだ知識としての形をとらず、たんなる感覚的な音として、リズムとして、無意識的に体に刻みつけられていくだけである。

幼いとき充分に遊び、豊かな自然体験をもつ子どもは、あとで本格的に学びはじめたとき、たんなる文字だけの知識を越えた、深い知識を身につけることができるという。それと同じに、意味もわからず、やみくもにことばを唱えていた経験が、後になって、画竜点睛《がりょうてんせい》として生きてくるのである。

漢文の二重性

外国語が身につくためには、まず日本語の素地がしっかりしていなければならない。たとえてみれば、今の外国語教育は、あらかじめ板のうえに金網を張らず、じかにモルタルを塗りつけようとするのに似ている。いたるところ、ことばが氾濫《はんらん》している時代だが、下地や下塗りの不足、つまり家庭や、幼稚園、小中学校における国語の手抜き工事が、もっと問題にされていいのではなかろうか。外国語の能力はあくまで日本語の土台のうえに築かれたものであり、日本語の器が脆弱《ぜいじゃく》であれば、それ以上の内容の外国語を受けいれることはできない。日本語が深まらなければ、外国語も深まらない。

ここでいう日本語のなかには、漢文もふくまれているのである。漢文は、抽象概念や外国語と日本語をつなぐ、いわば接着剤の役割を果たしている。

わたし自身の経験でいうと、たとえば、ドイツ語のBegriff（英語のconcept）ということばのニュアンスが、長いあいだうまく呑みこめずにいた。「概念」という訳語そのものも、わかったようでよくわからない。ある時、その語源を知って、ようやく目鼻だちがつかめるようになった。

be-（= bei）もcon-も、「まとめて、凝集して」の意味をあらわす接頭辞であり、ceptとgriffは「持つこと、把握」をあらわす。ついでに漢字の意味のほうも調べてみたら、「概」は概括などで同じ意味に使われているし、「念」は専念などにあらわれているように、思いをこらすことを意味する。概念的とは、すなわち、「個々の事物の特殊性を問題にしないで、共通性だけを取り出して扱う様子」（『新明解国語辞典』）であるという定義が、いくぶんわかりやすくなるのではなかろうか。

たとえば、ここには、わたしも、あなたも、彼も、彼女もいるが、「人」という概念があれば、全体について一度に語ることが可能になる。具象から抽象に（感性から理性に）移行する際に、かなめとなるのが、まさにこの概念ということばである。

概念ということばは、明治時代の啓蒙思想家、西周《にしあまね》（一八二九―九七）がつくった訳語である。西洋語を翻訳するのに漢語を用いざるをえないというところに、日本語という混成語の特色があらわれている。わたしたち日本人は、文化のめざめとともに、一種の二重言語生活を余儀なくされてきた。原日本語（大和ことば）というものが、かつては確かに存在したのであろうが、いまの日本語は、現に見るとおりの和漢混淆《こんこう》文であり、それは借物だ、不自然だ、といって今さら排除してみたところではじまらない。世界のことばのなかでは、英語にしろ、ペルシア語にしろ、韓国語にしろ、混成語のほうが普通で、比較的純度の高い中国語、フランス語、ドイツ語のような言語はむしろ例外だという。

漢文は中国語の古典であるが、貝塚氏も指摘しておられたように、わたしたちはそれを半ば日本語として理解してきた。本来、日本語とまったく異質な言語であるにもかかわらず、漢字という媒体のゆえに、わたしたち日本人が比較的気軽に、たとえばドイツ人が同じ系統の北欧語を学ぶような感じで、ある程度まで予備知識なしに入っていくことができる唯一の外国語となっているのである。

二重言語（バイリンガリズム）

デンマーク滞在中、わたしたち家族は、スウェーデン人と結婚してスウェーデンの小さな町で暮らしている日本人の女性を訪ねた。

息子たちが、同じ年ごろの、彼女の子どもたちに日本語で話しかけたら、きょとんとしている。結婚当初、彼女はご主人と英語だけで会話していたが、子どもが生まれてから完全にスウェーデン語に切りかえ、いくら舌足らずで不自由でも、子どもたちに話しかけるとき日本語を使わないのを原則にしているとのこと。彼女自身の節制と努力たるや大変なものだが、まわりの人たちの目には、それがきわめて不自然なやりかたに映るらしい。たしかに英語は、夫にとっても妻にとっても母国語でないから限界がある。しかし日本語のほうは、むしろ積極的に使うようにすれば、子どもが二カ国語話せるようになって一挙両得だ。そう考える人が、おそらく、わたしたちのあいだでもかなり多いのではなかろうか。

ドイツ生まれの言語学者レオポード（Leopold）のばあいは、これと正反対のやり方をしている。アメリカ人の奥さんも言語学者なので、娘が生まれたとき二人で打ち合わせをして、家庭内ではそれぞれ自分の母国語しか使わないことにした。父がドイツ語で話しかけても、母は英語で答える。娘は父とドイツ語で話し、母とは英語で話し、どこの家庭でもそれが当たり前のやり方だと思っていた。

英語とドイツ語は兄弟どうしのことばであり、いわば東北の人間と関西の人間が結婚したようなものかもしれない。けれども相手の言い回しに引きずられないように、いつも同時通訳のような心がまえで会話するのは、それなりに骨が折れたにちがいない。

スウェーデンの知人のばあいは、ご主人が日本語をまったく解さない。したがって、もしも母と子が日本語で話すとすれば、家庭内に母子だけの閉ざされた言語空間ができてしまうことになる。言語の溝が、やがて感情の行き違いや、子どもの心理的な動揺を生まないともかぎらないわけで、あの時点ではやはり彼女の決断が正しかったのかもしれない。いつか安心して子どもたちに日本語を教えられる日がかならずくると思います、と彼女は言っていた。

幼児が二つの言語をしゃべれば、いわゆる二重言語（バイリンガリズム）の状態になる。けれども日本では、その面に関する研究が大巾に立ち遅れており、国際結婚や海外帰国子女の増加にともなって、二重言語はようやくわたしたちの身のまわりの切実な問題になりつつある。実はこれまでも、韓国朝鮮、アイヌ、ブラジル、ペルー、などの人たちが、二重言語の問題で人知れず苦労を重ねてきたのであるが、島国育ち、単一言語のわたしたちには、問題として見えてこなかったのではあるまいか。方言の苦労を知る人が、ややそれに近い体験を嘗《な》めてきたことになる。

ところで、生活の必然からくる二重言語のばあいと、意図的に二重言語をつくりだそうとする早期外国語教育のばあいとでは、問題の方向が正反対のように見える。はじめから二つの言語のなかに置かれている子どもは、二つの言語を用いるのが当たり前で、二つの言語を用いざるをえない。二つの言語を身につけさせたいと願う親は、子どもを二つの言語のなかに置けば、なんとかなると考える。前者は二重言語を前提として、つねにそこから出発し、つねにそこに戻ってこざるをえない。後者は二重言語を目標とし、その状態を人為的に維持しようとする。

母国語以外のことばを子どもに二重言語として習得させるには、そのことばが頻繁に使われている生活環境に身を置いてやる必要がある。その環境のなかで、できるだけ多くの文脈に触れることによって、母国語とは独立の回路が頭のなかに組みこまれていく。

昔のローマの貴族は子どもにギリシア人の召使をつけ、ロシアの貴族はフランス人やドイツ人、イギリス人などの家庭教師をつけて、いっしょに生活させた。モンテーニュの父親は、モンテーニュがしゃべりはじめる前から、ラテン語が話せる家庭教師をつけ、家族や召使たちにもラテン語で話しかけるようにさせたので、死語であるラテン語を、モンテーニュは生きた言葉のごとく話したり書いたりすることができた。

現代の日本でも、たとえば、子どもをアメリカン・スクールやドイッチェ・シューレに通わせている人がいる。いずれにせよ、週に一、二度、幼児会話コースに通ったぐらいでは、二重言語はおぼつかない。

アイデンティティーの確保

しかしながら、二重言語における最大の落し穴は、しばしば指摘されているように、アイデンティティーの喪失である。

ロシアの外交官の息子で、自分自身も外交官になった人の回想によれば、両親の滞在する国ごとに、乳母や家庭教師をあてがわれ、多忙な両親と会話することはごく稀であったとのこと。ロシア語以外に、英独仏伊など、数カ国語を流暢に話せるが、表面的な音の美しさを感じるのみで、どの言語のなかにも自分の魂のふるさとを見いだすことができない。自分は揺り籠のなかから母国語を盗まれてしまったと嘆息している。

それと反対の例もある。シュヴァイツァーは独仏国境のアルザス生まれで、ドイツ語、フランス語を話し、午前中はドイツ語、午後はフランス語で執筆していた時期すらあった。けれども、魂のいちばん深いところで、自分を支えている芯は、やはりドイツ語だと述べている。

いたずらに、二重言語の状態を理想と考えて憧れるのではなく、二重言語にはそれなりの弊害もともなう可能性があることを、まず知らなければならない。しかし、現実に二重言語状態が与えられているばあいには、アイデンティティーの確保ということを大前提としたうえで、積極的にその場を生かしていく工夫が大切だ。

わたしたちにとって、日本語自体のうちにひそむ、漢語とやまとことばとの二重性は、さしあたり子どものアイデンティティーを脅かすような性質のものでないだけに、注目に値する。漢文の素読という方法は、西欧における古典語の学習と同じに、自我の分裂をひきおこす危険なしに、二重言語状態を早い時期から訓練できる、すぐれた方法ではなかろうか。ラテン語やギリシア語は、西欧の近代語にくらべると、はるかに語順が自由で、レトリックが発達しており、省略も多い。漢文もその点が似通っている。とくに漢文の直読は、外国語の語順に習熟するための予備訓練としても大きな意味をもつ。

外国語の学び方についての対談（『言語生活』No.400）で、宣教師のケント・ギルバート氏が、日本語を教える際に、まず語順の訓練からはじめると述べておられた。たとえば、はじめのうちは英語だけで、

「ジャン、ボール、ヒット」

というように覚えていく。次第に、その妙な語順の英語でもぴんとくるようになったら、今度はひとつずつ日本語に置き換えていく。

「ジャン、ボール、ヒット」「ジャンが、ボールを、打った」「太郎が、ボールを、打った」

という按配に。そうして、最後には、「太郎」を取ってしまっても、すうっと通じるようになる。この語順の訓練を徹底的にくりかえして、日本語の順序で考えられるようになってからだと、その後の進歩が早いとのこと。

◎【第二章】補足

日本語と外国語

本書全体の主旨には賛成だが、第二章における早期外国語教育にたいする批判は納得できないという御意見をいただいた。しかしながらわたしは、早期外国語教育そのものに反対してはいない。外国語（特に英語）のことで子どもたちに苦労させたくないという親の願いが強すぎる時代だが、肝心な日本語の土台のほうがおろそかになっているのではないか。その点を強調したかったのである。

安易な気持ちで「二兎（バイリンガル）を追うものは、一兎（ユニリンガル）も得ず」。日本語の足元がぐらつけば、虻蜂取らずに終わりかねない。

同僚の英国人が、つぎのようなエピソードを紹介してくれた。学期はじめの英会話授業で学生たちに、「今日は手はじめに、環境問題について話し合いたいと思いますが、いかがでしょうか」とたずねると、一人の学生が手をあげた。

「ぼくは、英会話の授業だと思って出席しました。環境問題に関心はありません」

「では、きみはここで、何をしたいのですか」

「英会話です」

「英会話で何を話したいのですか」

「英語です」

自分の頭、自分の日本語で、日ごろから真剣に考えていない問題について、不自由な外国語で話すのはしんどい。"Are you an Englishman?" - "No, I am not. I am an American." こういった中身のないやりとり（いわゆるパターン練習）こそ、英会話だと勘違いしている学生が多いのかもしれない。

かつて村の中学校で英語を教えていたアメリカ人に、旧版『素読のすすめ』をプレゼントしたことがある。彼はその時点ですでに、読み通すだけの力を備えていたのだが、自分でもさっそく素読をはじめ、日本語に磨きをかけた。地道な努力の甲斐あって、北大の大学院に合格、仏教哲学を専攻している。入学後、短期間のうちに習得したサンスクリット語やパーリ語にも、素読の方法をもちいただけでなく、アルバイトで日本人に英会話を教えるときも、まず『素読のすすめ』を回し読みしてもらい、毎回、英文の素読を二十分ほど行うことで成果をあげてきたという。サンスクリット語もパーリ語も、初心者向けにローマ字表記されたテキストがあるが、原文の文字のまま読んでいくほうが楽しいし、実力がつくといっていた。

素読と素聞

意味がわからなくても、ひたすら声をだして読んでいくのが「素読」である。そのことのうちには、意味がわからなくてもひたすら聞くこと、つまり「素聞《そぶん》」が——このことばはまだ存在しないが——ふくまれている。わたしたちが母国語を理解できるのは、胎内からずっと母親やまわりの人たちの声を「素聞」してきたからにほかならない。素読で声をだしているときは、同時に自分の声やほかの人の声を聞いており、素聞も行っていることになる。水と魚のごとく、素読と素聞は補完しあっている。

外国語の習得にとっても、まずたっぷり聞くこと、過飽和状態になるまで聞くことが不可欠だ。わたしが中学生のころは、レコード盤ぐらいしか手だてがなかったが、いまではCDでも、リピーターでも、外国語をくりかえし聞ける環境がととのっている。短いCDを何十遍、何百遍となく反復するのもいいし、何巻にもわたるCDを毎日少しずつ聞いていくのも楽しい。

わたし自身は、たとえば『ナルニア国物語』の英語版、『ソフィーの世界』の英・独・仏語版、『罪と罰』の英・独語版、『レ・ミゼラブル』の仏語版、『ファウスト』および『ツァラトゥストラはこう言った』の独語版、シェイクスピアの戯曲、『聖書』の各国語版といった長編もの（省略なしの録音がほとんど）を、日数をかけてじっくり聞いていくのが好きで、車にはいつもなんらかのCDが準備してある。

ただしくれぐれも勘違いしてはいけないが、外国語のばあい、意味はほとんどわからなくても、漫然と聞いていればいつしか慣れてくるというわけにはいかない。読んで一通り理解できる内容でなければ、気軽には聞きとれないはず。素読と交互に行うことによって、だんだん聞きとれるようになっていく。

短いものでは、現在中学校で使われている教科書から國弘正雄氏が編纂した『英会話・ぜったい・音読』のCDを、運転しながら何百遍聞いたかわからない。「只管《しかん》朗読」の英文テキストとしても最適で、すでに百回近く音読してきた。ときたま英語を話す機会があると、前もって必ず、ウォーミングアップのつもりで音読することにしている。井戸ポンプを久しぶりに使うときは、まず迎え水を注ぐのとおなじである。

声にだして読んでみよう

《杜甫》

絶句《ゼツク》

江碧《コウヘキ》　鳥逾白《チョウユハク》
山青《サンセイ》　花欲然《カヨクネン》
今春《コンシュン》　看又過《カンユウカ》
何日《カジツ》　是帰年《ゼキネン》

絶句《ぜつく》

江碧《こうみどり》にして　鳥逾ゝ白《とりいよいよしろ》く
山青《やまあお》くして　花然《はなも》えんと欲《ほっ》す
今春《こんしゅん》　看《み》すみす又過《またす》ぐ
何《いず》れの日《ひ》か　是《こ》れ帰《かえ》る年《とし》ならん

絶句《ゼツク》

両箇《リョウコ》　黄鸝《コウリ》　鳴翠柳《メイスイリュウ》
一行《イッコウ》　白鷺《ハクロ》　上青天《ジョウセイテン》

絶句《ぜつく》

両箇《りょうこ》の黄鸝《こうり》　翠柳《すいりゅう》に鳴《な》き
一行《いっこう》の　白鷺《はくろ》　青天《せいてん》に上《のぼ》る

窓含《ソウガン》 西嶺《セイレイ》 千秋雪《センシュウセツ》
門泊《モンハク》 東呉《トウゴ》 万里船《バンリセン》

春望《シュンボウ》

国破《コクハ》 山河在《サンガザイ》
城春《ジョウシュン》 草木深《ソウモクシン》
感時《カンジ》 花濺涙《カセンルイ》
恨別《コンベツ》 鳥驚心《チョウキョウシン》
烽火《ホウカ》 連三月《レンサンゲツ》
家書《カショ》 抵万金《テイバンキン》
白頭《ハクトウ》 掻更短《ソウコウタン》
渾欲《コンヨク》 不勝簪《フショウシン》

窓《まど》には含《ふく》む　西嶺《せいれい》　千秋《せんしゅう》の雪《ゆき》
門《もん》には泊《はく》す　東呉《とうご》　万里《ばんり》の船《ふね》

春望《しゅんぼう》

国破《くにやぶ》れて　山河《さんが》在《あ》り
城春《しろはる》にして　草木深《そうもくふか》し
時《とき》に感《かん》じては　花《はな》にも涙《なみだ》を濺《そそ》ぎ
別《わか》れを恨《うら》んでは　鳥《とり》にも心《こころ》を驚《おどろ》かす
烽火《ほうか》　三月《さんげつ》に連《つら》なり
家書《かしょ》　万金《ばんきん》に抵《あ》たる
白頭《はくとう》　掻《か》けば更《さら》に短《みじか》く
渾《す》べて　簪《しん》に勝《た》えざらんと欲《ほっ》す

第三章

素読の歴史とさまざまな例

訓読法の確立

日本が大陸の文化と接触しはじめたとき、わたしたちの祖先はまるで文字というものを持たなかった。何もないところにいきなり、漢民族の大発明である漢字が飛びこんできたのである。それ以来、漢字の習得は大陸文化の受容と直結し、漢文を読むために、日本人はさまざまの努力を重ねてきた。

他方ではしかし、漢文を読みこなす工夫のなかから、日本の文字が生まれ、日本語の文章もできあがっていった。日本人は、模倣を徹底させることによって、独創を生みだす民族だといわれるが、このころからすでにそうした傾向が見られる。最近の日本のように、むやみに日本人の優秀性をふりかざすほどのことではない。要するに苦肉の策であった。

第一段階では、漢文をまず、中国語として読まなければならない。

だが、それ以上に大切なのは、漢文を日本語に訳して読むことであろう。ところが、訳した日本語を書きとめておこうにも、その方法がまだ存在しない。中国と日本の文化的な落差から、日本語にまったく欠けているようなことばや概念も多い。というわけで、とりあえず漢文のまま、漢字の助けを借りて、日本語として読んでいく工夫をするしかなかった。

これには、朝鮮の「吏読《りと》」の読み方が影響していると言われる。しかし、違いもある。吏読は、吏道、吏吐、とも書くが、漢文を朝鮮の漢字音で音読し、そのあいだに朝鮮語の虚詞（助詞、助動詞など）を漢字でさしはさんで読んでいく。たとえば、藤堂明保『漢字とその文化圏』から例文を拝借すると、

父母（隠《オン》）天性之親（是羅《イラ》）　　父母（は）天性之親（である）

つまり、どちらかというと漢文の直読にちかい方法であり、素読のばあいのように、原文の漢字を訓読みすることはしない。

さて、日本人は、いったん音訓をまじえた漢文の読み方を工夫したうえで、こんどは、その知識をフルに活用して和文を書きはじめる。いわゆる万葉仮名ができあがっていくのである。

平安初期にいたって、菅原、大江、清原、中原家が、それぞれ独自の訓読法を工夫するようになった。文字のまわりに朱で乎古登《をこと》点をつけて助詞や助動詞を示す。文字

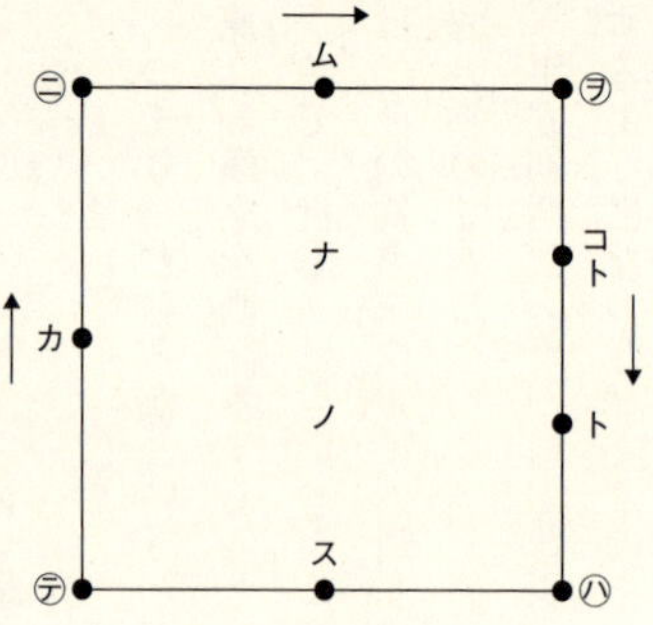

ヲコト点（博士家点）

の訓読みは、「仮名点」という漢字の略体（片仮名の前身）を墨で右につけ、上下転倒は反点であらわす。一例として、「博士家《はかせけ》点《てん》」と呼びならわされていたヲコト点を挙げておく。

たとえば、引という字の左下に点があれば、「引キテ」と読み、左上ならば、「引クニ」となる。「てにをは」という呼び方も、左下から時計回りに四隅の文字をとったのである。

流派によって点の打ち方がまちまちだったので、暗号のように門人でなければ読めず、わずかに点の位置を間違えただけで読めなくなってしまう。片仮名ができてからは、点が不用になったが、因習で長らくそのまま使われており、いまだに「訓点」をほどこすという言い方をする。こうした読み方を編みだすきっかけになったのは、比叡山の僧たちが仏典を読むために用いた訓点の方法であった。今日の目から見れば、いかにも不器用なやり方に見えるが、その中から音訓読みおよび片仮名が次第に確立されていったのである。
平安末期にいたってようやく、現在のようなレ点、一二三、上中下、甲乙丙、などによる訓読法が普及したが、現在とはかなりちがった読み方であった。

文選《もんぜん》読み

平安朝の漢文の読み方でおもしろいのは、『毛詩』(=詩経)、『文選』、『千字文《せんじもん》』、『遊仙窟《ゆうせんくつ》』などを読むとき、音訓をあわせて用いたことである。これを「文選読み」または「かたちよみ」という。第一章と二章で紹介したのは、音読みと訓読を別々なものとして併読するやり方であった。文選読みの場合は、二字の漢字を音読みしたあと、すぐに訓読を添えて、両方をひとつの詩句のようにして読む。たとえば、

間関《クワンクワン》トヤハラゲル雎鳩《シヨキウ》ノミサゴハ河《カ》ノ州《シウ》ニアリ、
窈窕《エウチウ》トタヲヤカナル淑女《シユクヂヨ》ノヲトメハ君子《クンシ》ウマビトノ好逑《カウキウ》ヨキタグヒナリ。

これは博士家の秘伝として、一般には普及しなかった読み方である。難しいことば

や、鳥獣草木、人名地名など、和名のないものにも無理に和訓をほどこし、なおかつエキゾチックな美しい響きをそのまま残そうとした。その点では、わたしたちが外国文学の翻訳などでルビを用いるのとよく似ている。太宰春台《だざいしゅんだい》（一六八〇―一七四七）の『倭読要領《わどくようりょう》』では「蛇足、愚昧《ぐまい》ノ至リ」として退けられているが、異国の表現を和文のなかに溶かしこもうとする苦心の跡がうかがわれて興味深い。同時にしかし、わたしの推測にすぎないが、塩谷宕陰（九七頁）とおなじに、原文の漢字を暗記するための便法という側面もあったのではなかろうか。

貝原益軒の素読教育

『養生訓』などの著作で知られる江戸前期の儒学者、貝原益軒《かいばらえきけん》（一六三〇―一七一四）は、『和俗童子訓』において具体的な育児論を展開し、とくに巻之三では、子どもに読み書きを教える手順および読書全般について述べている。

まず、六歳の正月（数え年なので今なら五歳。以下同じ）に、数と東西南北の名を教え、生まれつきの利鈍に応じて、六、七歳ごろから平仮名の読み書きを習わせる。八歳までに礼儀作法をしっかり身につけさせるとともに、まず文句が短く、覚えやすいものを読ませて、一句二句ずつ暗誦させる。孝経、小学（礼儀作法について、古今の書から抜粋した中国の子ども用教科書。一一八七年成立）、四書などは、文句が長くてむつかしく、初心者には退屈なので、むしろ勉強嫌いにさせてしまう危険がある。なによりも、子どものうちから読み書きが好きなようにさせることが大切である。十歳で、師について学ばせる。あらかじめ、聖賢の書のわかりやすいところをざっと説明してやり、それから小学、四書、五経と読みすすむ。

経書をしゅるには、先《まず》孝経の首章、次に論語学而篇《がくじへん》をよましめ、皆熟読して後、其《その》要義をもあらあらときき かすべし。小学、四書は、最初よりよみにくし。……

凡《おおよ》（そ）書をよむには、はやく先《さき》をよむべからず。毎日返りよみを専《もっぱら》つとむべし。返りよみを数十遍つとめ、をはりて、其《その》先をよむべし。……ひろく数十巻の書をよんでも益なし。一巻にても、よくおぼゆれば、学力となりて功用をなす。必（ず）よくおぼ（覚）ふべし。書をよんでも学すすまざるは、熟読せずして、おぼえざれば也。

読むときは、句読《くとう》を明らかに、てにをはを正確に、はっきりした声でよむこと。読書のついでに、早くから文の意味を教えること。前に読んだところを、小児のときにかぎらず、老年にいたっても、つねに読みかえし、記憶を補強する。

ここで益軒は、記憶力の旺盛な若いうちに、四書を毎日百字ずつ、百ぺん熟誦し、暗記暗写することを勧めている。四書すべてで五万二千八百四字あるので、五百二十八日、つまり一年半たらずで一巡することになり、一生の宝として蓄えられていく。

益軒の方法の特色をまとめてみると、

① 年齢に即した題材を与える。
② 簡単なことを先にし、難しいことを後にする。
③ あらかじめ理解させてから教える。
④ 根本を固めてから先に進む。
⑤ 毎日少しずつ精読。
⑥ つねに反復熟誦。
⑦ 暗記することが肝腎。

以上を踏まえた読書の心がまえとして、益軒は有名な「三到の読書法」を説いている。

凡（そ）書をよむには、いそがはしく、はやくよむべからず。詳緩《ゆるやか》に読レ之て（＝これをよみて）、字々句々、分明《ぶんめい》なるべし。一字をも誤《あやま》るべからず。必（ず）心到《いたり》、眼到《いたり》、口到るべし。此《この》三到の中、心到を先とす。心、不レ在レ此（＝ここにあらざれば）、見れどもみへず、心到らずして、みだりに口によめども、おぼえず。又、俄《にわ》かに、しゐて暗《そら》によみおぼえても、久しきを歴《ふ》ればわする。只、心をとめて、多く遍数《へんかず》を誦《じゅ》すれば、自然《じねん》に覚えて、久しく忘れず。遍数を計《かぞ》へて、熟読すべし。一書熟して後、又、一書をよむべし。

女性の目から見た素読

素読が日常茶飯事の時代には、誰も素読のことをわざわざ書き残しておこうなどとは思わなかったのであろう。寺子屋の絵がかなりある割には、具体的に素読のようすを描いた文章が意外に少ない。このばあいむしろ、女性の証言が貴重な資料として光っている。

その一つとして、山川菊栄の『武家の女性』を挙げることができる。この本は、菊栄の母、千世が語った内容をまとめたもので、冒頭では、「お塾の朝夕」と題して、侍の子どもたちが素読をする様子が、女性の目をとおして生き生きと描かれている。

まだ夜も明けやらないうちから、表門をトントン叩く音がして、前髪姿に脇差しの「手習い子」たちが次々と集まってくる。家中が一斉に起きだし、家事の支度をはじめる。四十をだいぶ越した青山延寿《のぶとし》は、ひとしきり禿頭につけ髷《まげ》の手入れをしてもらっている。そのあいだに、

お塾の方ではだんだんに集まってきた何十人の子どもが、声をはりあげて、ある者は『論語』を、ある者は『孝経』を、それぞれ年と学力に応じて、いま自分の習っている所の素読をやっていますから、その賑《にぎ》やかなこと。

この朝飯前の素読を「朝読み」といいますが、朝読みは年中やりますので、子どもを「朝読み」に出す家は、朝もゆっくり寝てはいられません。

……

この「朝読み」の素読の声で、子どもの頭の良し悪しはたいてい分ったもので、大勢の中で、「あれは誰さんの声」などといわれるようにハッキリしたのは、必ずしも大きい声ではなくても、際だって出来のいい子にきまっていたそうです。

一、二時間ほどで、一通り素読をすませると、めいめい家に帰っていき、朝飯を食べてからまたお弁当持ちで出直してくる。あとは一日中、手習いをするだけで、授業といっても、小学校の年頃の者は素読一点張り。満六歳からはじめて、二十近くまで通うのが普通であった。

千世の父、青山延寿は、水戸藩士であり、藩の許可を得て塾をひらいていた。水戸では儒者は世襲でなく、実力本位だったので、相当の学者と認められなければ、勝手に塾をひらくわけにはいかない。一代かぎりの塾が多いなかで、青山家は四代続いて塾をひらいていたという。

それから、かるた取りが盛んで、百人一首のほかにも、『新古今集』、『烈女百人一首』、『武家百人一首』の歌がるたや、『三体詩』、『唐詩選』の五言絶句七言絶句の詩がるたなどがこしらえてあった。

女の子のばあいも、満六歳になると、手習いの師匠のところに通う。「朝読み」こそないが、朝食後すぐに出かけて、一日中、手習いをするのは同じであった。いろはを習い、『百人一首』、『女今川』、『女大学』、『女庭訓《ていきん》』、『女孝経』といったお手本を次々とあげていく。

その後、千世は、九歳から十一歳まで、儒者の娘で隠居をしていた近所のおばあさんに弟子入りして、『孝経』、『大学』、『論語』などを習う。女性が学問することは嫌がられる時代であったが、これがきっかけになって、毎夜、兄といっしょに父親から素読を教わるようになった。

もう一つの証言は、同じように、自らも素読を受けた経験のある杉本鉞子《えつこ》の『武士の娘』である。この本はもともとアメリカの読者のために英文で書かれたもので、原題は、"A Daughter of the Samurai"となっている。

彼女が女性としては稀な漢籍の教育を受けるようになったのは、生まれたとき、臍《へそ》の緒《お》が数珠《じゅず》のように首にまきついていたので、家人に尼になる定めと思われていたからである。三、七の日に、菩提寺の僧を招いて、四書などを学ぶ。

難しい内容が六歳の子に理解できるはずもなく、ときどき先生に意味を尋ねると、

「よく考えていれば、自然に言葉がほぐれて意味が判ってまいります」、「百読自《おのずか》ら其の意を解す」とか、あるときは、「まだまだ幼いのですから、この書の深い意味を理解しようとなさるのは分を越えます」と言ってさとされる。

正しくその通りだったわけですが、わたしは何故か勉強が好きでありました。何のわけも判らない言語の中に、音楽にみるような韻律があり、易々と頁を進めてゆき、ついには、四書の大切な句をあれこれと暗誦したものでした。でも、こんなにして過したときは、決して無駄ではありませんでした。この年になるまでには、あの偉大な哲学者の思想は、あけぼのの空が白むにも似て、次第にその意味がのみこめるようになりました。時折、よく憶えている句がふと心に浮び雲間をもれた日光の閃《ひらめ》きにも似て、その意味がうなずけることもございました。

（大岩美代訳）

杉本夫人は、アメリカで貿易商を営んでいた夫を帰国の際に亡くし、数年後ふたたび渡米して、二女の教育のために文筆の道を志した。数年間コロンビア大学で日本文化史の講義を担当したこともあり、前後三十年にわたる米国生活を支えたのは、武士の娘としての厳しいしつけと教養だったのであろう。素読の早期教育がその主要な部分を占めていたことは言うまでもなく、彼女のすぐれた語学能力も、それによってつちかわれたのではないかと思われる。

訓読と音読み

漢文の訓読というのは、はじめから翻訳の形式をきめてかかり、訓点というわずかな操作によって、いちおう意味のとおる和文にこなしてしまうやり方である。誰がやっても、ほぼ同じような日本語になるから、自動翻訳機顔負けの精度をもつといえる。伝統に即した方法なので、文体のレベルも高い。だが、同時にそれは、追いはぎのプロクルステスが、旅人の身長がベッドからはみ出れば切り落とし、足りなければ引き伸ばして殺してしまったように、もとのニュアンスを強引に歪めてしまう危険もはらんでいる。原文のリズムは完全に無視される。いったん読み方が固定してしまえば、後はそのまま訳文だけが一人歩きし、原文にまでさかのぼって解釈しなおす可能性はせばまる。

江戸中期の儒学者、荻生徂徠《おぎゅうそらい》（本姓物部、字《あざな》は茂卿、一六六六―一七二八）は、日本人の漢学者の書く漢文が、日本語の影響でいわゆる和臭（和習）を脱しきれないことへの反省に立って、漢文をあくまで外国語としてとらえ、中国音で直読することを提唱した。最近では、古典を現代中国音で読むことを主張した倉石武四郎博士も、同じ系譜につらなっている。

中国語の古典だから中国語として読めというのは、ある意味で当然の考え方だ。しかしながら、これまで幾度か述べてきたように、漢文はすでに日本語の古典でもある。漢文を専門とする学者がまず中国語を習うことから始めるのは、今日では常識になりつつあるようだが、他方では、われわれ素人が漢文を日本語の古典の一部として読む道も、なお残しておく必要があるのではなかろうか。「訓読の持つ、千年の知恵に磨かれた凝集した叡知は、十二分に活用しなければならない」と、金岡照光《かなおかしょうこう》氏は『仏教漢文の読み方』のむすびに書いておられる。

ところで、仏典を読むばあいは、音《おん》で直読するのが普通だ。もちろん音といっても、中国語の発音ではなく、日本に伝えられてきた漢字の発音である。主として呉音だが、漢音のばあいもある。

日本でいちばんよく知られている般若心経《はんにゃしんぎょう》の冒頭をとってみると、読経の際には次のように読まれる。

観自在菩薩《かんじーざいぼーさつ》。行深《ぎょうじん》 般若《はんにゃー》 波羅蜜多時《はーらーみーたーじー》。照見《しょうけん》 五蘊皆空《ごーおんかいくう》。度一切《どーいっさい》苦厄《くーやく》。舎利子《しゃーりーしー》。色不異空《しきふーいーくう》。空不異色《くうふーいーしき》。色即是空《しきそくぜーくう》。空即是色《くうそくぜーしき》。

観自在《かんじざい》菩薩《ぼさつ》、深般若波羅蜜多《じんはんにゃはらみた》を行《ぎょう》じし時《とき》、五蘊皆空《ごおんかいくう》なりと照見《しょうけん》して、一切《いっさい》の苦厄《くやく》を度《ど》したまえり。舎利子《しゃりし》よ、色《しき》は空《くう》に異《こと》ならず、空《くう》は色《しき》に異《こと》ならず。色《しき》はすなわちこれ空《くう》、空《くう》はすなわちこれ色《しき》なり。

ふだんこれを、漢文式に読み下して読む人はめったにいないであろうが、そのほうが意味はずっとわかりやすくなる。ただし、声をだして読むには、リズムが取れないし、冗長になることは避けられない。

江戸時代の「絵心経《えしんぎょう》」というものを見せていただく機会があった。文字の代わりに、

盛岡系絵心経（部分）　江戸時代末期　岩手県立博物館蔵

漫画のような小さな絵がびっしり描かれており、たとえば、最初はさかさに置いた釜、次は般若の面、三番目は腹、四番目は箕《み》、五番目は田んぼの田、六番目は神鏡《しんぎょう》（神社の鏡）といったぐあいである。

　おそらく僧は、この絵を指しながら、「マカ、ハンニャ、ハラ、ミ、タ、シンギョウ」と、ひとつひとつかんでふくめるように教えていったのだろう、字の読めない信徒でも、絵を見ればすぐに心経の発音を思い出すことができるわけで、衆生済度《しゅじょうさいど》（すべての人を現世の苦しみから救うこと）の思いやりにみちた、まことに愉快な工夫であったといえる。

　正確な意味を知らなくとも、般若心経の

ひびきそのものが、供養や厄払いの呪文として摩訶《まか》不思議な霊力をもつとされ、在家の信徒たちは、朝夕の勤行その他、幾万遍となく心経を唱えつづけてきたのである。

これは、カトリック教徒が「主の祈り《パテル・ノステル》」をラテン語で唱え、ユダヤ教徒がヘブライ語で「シェマー」(申命記第六章)を唱えるのと同じだろう。

漢文読みの可能性

以上、日本人としての漢文の読み方の可能性を、これまで述べなかったものも含めて、まとめてみると、つぎの四とおりが考えられる。

①漢文を昔の中国語の発音で読む。
だが、時代や地方によって発音が著しく異なるし、今日では事実上、再現不可能なばあいも多い。

②漢文を今の中国語の発音で読む。
専門家には必要。しかし、中国人にとってすら古典との距離は大きい。ましてや、一般の日本人のばあい、読み下し文の日本語より正確に読めるという保証はない。

③漢文を日本語に読み下して読む。

読みが偏り、固定する危険があるが、日本語の力を最大限に利用できるので、日本人には有利。ただし、もとのリズムは完全に失われる。

④ 漢文をお経式に音《おん》で直読する。ある程度リズムは保たれるし、原文をそのままぜんぶ伝えているが、何といっても意味がとりにくい。

第一章の冒頭ですでに紹介したように、わたし自身としては③と④を合わせて、直読訓読を同時に行うやり方を採用してきた。そのばあい、中村正直の指摘が重要なヒントを与えてくれたのであるが、さらに直読の積極的な意義を徹底させてくれたのは、つぎに紹介する岡田正三の著作である。

漢文音読論

岡田正三（一九〇二―八〇）は、もともと田中美知太郎（一九〇二―八五）などと同門のギリシア哲学の研究者であり、個人全訳『プラトン全集』六巻を出している。著述のかたわら、ギリシア古典研究をめざす学生のために古典学道場を主宰していたが、中国古典に対する造詣も深く、詩経、論語、老子などの注釈がある。

今日ではまったく埋もれている、岡田正三の『漢文音読論』(昭和七年)という本のことを、わたしは先に述べた金岡照光氏の本のなかで初めて知ったのであるが、八方手をつくしてみても見つからない。結局、金岡氏のご好意に甘えて、直接この本を拝借することができた。

これは単なる好事家《こうずか》の余技といった類の書ではない。西洋と東洋の古典のはざまに身を置いて、真剣な模索と憧れのなかから生まれでた魂の書である。わたし自身は、長いあいだすっきりしなかったことのいくつかが、この本を読むことによって氷解したのを覚え、心から感謝している。

岡田氏が漢文に興味を抱くようになったのは、ギリシア語でプラトンを読み、ギリシアの世界が次第に明らかになるにつれて、中国哲学への憧憬がましていったからであるという。反読《はんどく》(＝読み下し)の方法で、おりおり漢文を読むことをはじめたが、ギリシア語が封切りの映画のように明晰であるのに対し、漢文は雨だれ映画のように晦渋《かいじゅう》でわかりにくい。その時に、ギリシア語の恩師、菊池慧一郎《けいいちろう》先生に相談して、直読の方法と参考書を示され、やがては自分自身で、漢文のなかにある特殊な文法を見いだすようになる。

これに因《よ》つて読めば漢文は実に明晰になり、反読で歪められ誤られ、殺されたものが、全く生れかはつた様な生々とした判然した姿を以て現はれて来る。そこで私は感じた、漢文は音読に因つて再吟味されなければならない、私は音読法を世に伝へる使命を有すると。

『漢文音読論』は、全編このような熱い使命感につらぬかれている。

まず、日本古来の漢文の読み方を一つ一つ具体的に検討しつつ、そこには文法の意識が欠如しているため、幾多の誤謬がそのまま受け継がれていることを指摘する。つまり、もっぱら古人の経験に頼った受身的な読み方であるだけに、西欧の古典研究のばあいのように論理的思考の働く余地がなく、解釈上の進歩がみられない。岡田氏のプラトン学者としての研鑽《けんさん》がいたるところにかいまみられ、塵をかぶって半ば埋もれかけていた中国の古典が、ギリシアの古典のような清新な姿で立ちあらわれることに一驚する人も多いことであろう。

音読の長所

ところで、音読の長所とは何か。

岡田氏の指摘に、わたし自身の考察も加えて、まとめてみよう。

① 反読の方法によっては識別できなかったものが、音読によってはじめて知られるようになり、従来の漢学を再検討するきっかけになる。具体的には、たとえば、一つ一つの漢字の音や意味を調べなおすことによって、わたしたち日本人が無意識のうちに漢字に託している日本的な語感を払拭することができる。

たとえば、「人間」という字を、わたしたちは「にんげん」と読むが、漢文では「じんかん」で、俗世間の意味である。このばあいむしろ、読み方が違うので誤解は防げるが、「男女七歳にして席を同じうせず」の「席」ということばは、もともと伏すためのむしろ、つまり寝床の意味であった、というような微妙なすれ違いも生じてくる。

② 反読のばあいは、経験でなんとなく理解したような気になっているが、音読だと文法を踏まえなければ理解できない。それだけ、客観的・論理的に漢文を読むことが可能になる。文法といっても、漢文は変化や活用をもたないのであるから、語順だけ

が問題になり、非常にわずかな知識で文法をマスターできる。
③意味不明のとき、音読ならそのまま記憶しておけばよいが、反読だと無理やり訳を決定してしまうことになる。
④語順、虚詞、リズム、その他、文章の生きた全体をそのまま伝えることができる。反読はせいぜい文章の骨格を伝えるにすぎない。
⑤簡潔で、リズム感があるので覚えやすい。

音読の具体的な方法

日本に伝わっている音《おん》で漢文を読もうというばあい、呉音、漢音など、伝来の時代によって異なる発音がすべてそのまま通用しており、漢字音の混乱ということが問題になってくる。すでに桓武天皇のとき、仏教は呉音、儒教は漢音で読むようにしたが、密教ではいまだに、同じ経典を宗派によって呉音と漢音に読誦しわけている。

こうした混乱を避けるために、岡田氏は、日本に伝えられている漢音をとることを提唱している。漢音といっても、日本語の発音に引きつけて、カナによってとらえた音だから、原音がかなり摩滅しているのはやむをえない。しかし、当時の実際の響きを意外に正確にとどめている面もあるらしい。たとえば、明治初期に生まれ、海外生活の経験もあるわたしの祖父は、りんごのことを英語で「アポ」、値段を聞くときは「ハマ」というのだと教えてくれた。確かにこのほうが通じるのである。現代の中国音と昔の中国音とのへだたりも、ばあいによってかなりあることを考えると、日本語のうちに化石のようにして残された漢音の活用も馬鹿にならない。

ただし、岡田氏は、漢文の音読に際して、多少の修正をほどこすことを提案している。

一、ハヒフヘホをすべてパピプペポに読む（たとえば、「波」パ、「平」ペイ、「保」ポ）。

二、中国語はすべて単音節なので、語尾のフ、ク、ツ、チ、キ、は、子音として読む。

三、四声を発音しわける。

わたし自身は、このうち二だけしか実行していない。とくに漢詩のばあいなど、一つの漢字を必ず一つの音節として発音しないと、せっかくのリズムが生きてこないからである。だが、これは、意識しなくても、直読すれば自然にそう読んでいるので心配ない。中国語のあの歌うようなメロディーは、四声がないと消え失せてしまうが、それほど面倒な作業ではないので、関心のある方はぜひ自分で試みていただきたい。

具体例を一つだけ挙げてみよう。同僚の関口順氏（中国思想担当）のご厚意により、現代中国語のローマ字表記とそのカタカナ読みを一行目に載せ、二行目にわたしたちの読み方をローマ字と平仮名で記してある。岡田正三氏は、従来の読み方をできるだけ早く忘れるように勧めているが、本書で述べてきた併読の立場から、訓読もルビの形で載せておくことにする。

竹里館　zhú lǐ guǎn　チュウ　リ　クワン

chik ri kan　ちく　り　かん

王維　wáng wéi　ワン　ウェイ

ō i　おう　い

独坐《ひとりざす》幽《ゆう》篁裏《こうのうち》　dú zuò yōu huáng lǐ　トゥ　ツオ　ヨウ　ホアン　リ

dok za yū kō ri　どく　ざ　ゆう　こう　り

弾琴《ことをだんじ》復長嘯《またちょうしょうす》　tán qín fù cháng xiào　タン　チン　フォ　チアン　シアオ

dan kin fuk chō shō　だん　きん　ふく　ちょう　しょう

深《しん》林《りん》人《ひと》不知《しらず》　shēn lín rén bù zhī　シュン リン レン プゥ チ

shin rin jin fu chi　しん りん じん ふ ち

明《めい》月《げつ》来《きたって》相照《あいてらす》　míng yuè lái xiāng zhào　ミン ユエ ライ シアン チャオ

mei get rai sō shō　めい げつ らい そう しょう

◇

【第三章】補足

日本人にとっての漢文

本来は外国語である漢文を、日本人がどのように読みこなしてきたのか。その大筋を整理してみよう。

1、漢文を中国語としてそのままの語順と発音で読む。仏典の読み方などにも受けつがれてきたが、発音は早くから（中国語の日本方言として）日本化した。
2、しかし日本語に翻訳する際には、仏典のばあいでも、漢字の助けを借りて「てにをは」などを補うしかなかった。これには朝鮮の「吏読《りと》」の読み方が影響しているが、吏読は漢文の直読方式に近く、日本のばあいのように反読や漢字の訓読みをしない。こうした工夫の中から、やがて万葉仮名が成立し、日本語そのものを漢字で書きあらわせるようになっていく。
◎白川静氏は梅原猛氏との対談において、日本人向けの訓読法を発明したのは、漢語と日本語の両方に通じていた百済人だったのではないかと述べている（『呪の思想』平凡社）。
3、平安初期に、片仮名を利用して「ヲコト点」を付ける工夫がうまれた。
4、「文選読み」では、音読みと訓読を一つの句に溶かしこんだ。
5、平安末期、「返り点」などによる訓読法が普及した。
6、江戸中期の荻生徂徠は、漢文をあくまで外国語としてとらえ、その本来の発音、そのままの語順で、「和臭」（日本語的なかたより）を持ちこまずに読んでいくことを提唱。

7、岡田正三の『漢文音読論』もおなじ系譜につらなるが、中国音ではなく、日本に伝えられた音《おん》で読んでいく点で異なる。なおこの『漢文音読論』においては、「音読」ということばが、声にだして読むという意味ではなく、わたしのいう「音読み」の意味で用いられている点に注意。

漢字文化圏をつなぐもの

末尾に挙げた「竹里館」では、日本語の音読み発音が現在の中国語発音と対比されている。細かなちがいもあるが、意外に似通っている部分が多いのではなかろうか。唐代の発音を復元したものだと、類似性はさらに増す。この詩もふくめて『唐詩三百首』全体に現代中国語の発音を付したテキストも出版されているし、中国（台湾）で出されたCDには『唐詩三百首』のすべてが網羅されている。テキストを見ながら、予め音訓式素読でなじんできた漢詩を中国音でそのまま楽しむことができるだけでなく、中国語発音の入門としても有効。

おなじことが韓国語についてもいえる。現在ではハングル中心になり、漢字の占める割合が大幅に減ってきたが、韓国語にはもともと、日本語とも共通するたくさんの漢語がつかわれてきた。いまはハングルだけで表記されているばあいでも、もとの漢字がわかれば意味がわかり、記憶しやすくなる。漢字のハングル読みの法則を知ることによって、語彙も急速にふえる。日本で生まれ育ち、日本語の教育を受けてきた韓誠《ハンソン》氏は、韓国語を短期間に独学でマスターしたやり方について、つぎのように述べている。

わたしは漢字のハングル読みをまず徹底的におぼえました。それは手っとり早く語彙をふやすためでした。単語がわからなければ相手の言っていることがわかりませんし、答えることもできません。そこで目につく新聞の漢字、バスに乗れば目につく看板の漢字を、ポケット辞典片手にかたっぱしからおぼえることに集中しました。……

それに漢字の読み方が原則的にひとつですので、面白いように韓国語の語彙がふえていきました。しかし、漢字のハングル読みがわかっても韓国語を聞きとったり、話したりすることはできません。わたしは漢字のハングル読みに自信がつくと、新聞社の社説や論文のような漢字の多い文章を大きな声で何度も何度も読みました。そうするうちに社説や論文の内容はだいたいわかるようになり、わからないところは辞書を調べながらおぼえました。

韓誠『韓国語が面白いほど身につく本』中経出版

かつては漢字文化圏に属していたベトナムのばあいも、現在では漢字がほぼ消滅してしまった。だが漢語として入ったことばが音だけで使われているので、もとの漢字がわかりさえすれば、ベトナム語の単語の意味もはっきりする。たとえば、「ヴィエット・ナム（＝ベトナム）」は「越南」、「クォッ・グー」は「国語」、「チュウ・イー」は「注意」である。近所のベトナム人に日本語を教える際に、まずこのような漢語と対応する語彙をえらんで、ベトナム語で発音してもらい、つぎに漢字の日本語読みを平仮名で書き記してもらった。日本語との深いつながりを知って、彼らも親近感をおぼえ、もっと漢字を学びたいという意欲をかきたてられたようだ。

声にだして読んでみよう

〈論語〉「学而第一」の冒頭

子曰《シエツ》、子《し》曰《いわ》く、学而時習之《ガクジジシュウシ》、学《まな》びて時《とき》に之《こ》れを習《なら》う、不亦説乎《フエキエツコ》、亦《ま》た説《よろこ》ばしからず乎《や》。有朋自遠方来《ユウホウジエンポウライ》、朋《とも》有《あ》り、遠方《えんぽう》自《よ》り来《き》たる、不亦楽乎《フエキラッコ》、亦《ま》た楽《たの》しからず乎《や》。人不知而不慍《ジンフチジフウン》、人《ひと》知《し》らずして慍《いきどお》らず、不亦君子乎《フエキクンシコ》、亦《ま》た君子《くんし》ならず乎《や》。

有子曰《ユウシエツ》、有子《ゆうし》曰《いわ》く、其為人也孝弟《キイジンヤコウテイ》、其《そ》の人《ひと》と為《な》りや孝弟《こうてい》にして、而好犯上者鮮矣《ジコウハンジョウシャセンイ》、而《しか》も上《かみ》を犯《おか》すことを好《この》む者《もの》は鮮《すく》なし。不好犯上《フコウハンジョウ》、上《かみ》を犯《おか》すことを好《この》まずして、而好作乱者《ジコウサクランシャ》、而《しか》も乱《らん》を作《な》すことを好《この》む者《もの》は、未之有也《ミシユウヤ》、未《いま》だ之《こ》れ有《あ》らざる也《なり》。君子務本《クンシムホン》、君子《くんし》は本《もと》を務《つと》む。本立而道生《ホンリツジドウセイ》、本立《もとた》ちて道生《みちしょう》ず。孝《コウ》弟《テイ》也《ヤ》者《シヤ》、孝弟《こうてい》なる者《もの》は、其《キ》為《イ》仁《ジン》之《シ》本《ホン》与《ヨ》、其《そ》れ仁《じん》の本《もと》なる与《か》。

子《シ》曰《エツ》、子《し》曰《いわ》く、巧言令色《コウゲンレイシヨク》、鮮《セン》矣《イ》仁《ジン》、巧言令色《こうげんれいしょく》、鮮《すく》なし仁《じん》。

曾子《ソウジ》曰《エツ》、曾子《そうじ》曰《いわ》く、吾《ゴ》日《ジツ》三《サン》省《セイ》吾《ゴ》身《シン》、吾《わ》れ日《ひ》に三《み》たび吾《わ》が身《み》を省《かえ》りみる。為《イ》人《ジン》謀《ボウ》而《ジ》不《フ》忠《チユウ》乎《コ》、人《ひと》の為《た》めに謀《はか》りて忠《ちゅう》ならざる乎《か》。与《ヨ》朋友《ホウユウ》交《コウ》而《ジ》不《フ》信《シン》乎《コ》、朋友《ほうゆう》と交《まじ》わりて信《しん》ならざる乎《か》、伝《デン》不《フ》習《シユウ》乎《コ》、習《なら》わざるを伝《つと》うる乎《か》。

第四章

ヨーロッパでの経験

エミディオの『神曲』

わたしは、学生時代の二年余りを、ドイツの小さな大学町ですごした。

外国人学生のためのドイツ語会話クラスで、いちばん最初に知りあったのが、カストロ風の髭《ひげ》を生やした、小柄なイタリア人、エミディオだった。エミディオはローマの出身で、新教の牧師になるためドイツに神学を学びにきたという。イタリアにも新教につながる一派（ヴァルド派）があることを、わたしは彼の説明で初めて知った。

両親がイタリア人とフランス人なので、エミディオは二つの国語を、まったく同等に話せる。もちろんラテン語も学んでいるし、スペイン語や、ポルトガル語など、ラテン系のことばは、類推でほぼ理解できる。英語もかなり流暢、ドイツ語も聞きとりの点では不自由しない。おしゃべりなイタリア人にしては人の話を根気よく聞き、慎重で考え深い。おまけに世話好きときている。学生の国際会議があるたびに、エミディオは議長として引っぱりだこであった。

わたしたちが互いの下宿を行き来するようになって、間もなくのことだった。

「きみは、その目で本物の天使を見たことがあるかい。ぜひ、きみに見せてあげたいな。ぼくのいのちより大切な宝物を」

そういって彼が見せてくれた写真は、ローマにいる彼の婚約者だとのこと。

イタリア人が一般におおげさな表現を好むことは有名だが、エミディオもその点ではひけを取らない。たとえば、ちょっと詩を書いたといって、エミディオに見せると、心から感にたえない様子で、両腕を大きくひろげ、

「タダーオ、きみはダンテのような天才だ！　ドイツの地で、将来の大詩人にめぐり逢えたことを、生涯ぼくは誇りに思うだろう」

といったふうな返事がかえってくる。あの名調子でそういわれれば、誰だってこそばゆい気がしてくるにちがいない。

料理をつくってご馳走すると、いかにも満ち足りた表情で、

「地上にいながら、まるでアンブローシア（神々の食物）を味わったような気分だ。レオナルド・ダ・ヴィンチみたいに、きみは万能なんだね！」

ということになる。実は、その時の成り行きまかせでできあがった、名なしの料理なので、わたしとしてもかなり不安だったのだが。

エミディオが、わたしのためにダンテの『神曲』を朗読してくれたとき、感情と身振りを劇的に表現するイタリア人の特徴が、いかんなく発揮された。

Nel mezzo del cammin di nostra vita
mi ritrovai per una selva oscura,
ché la diritta via era smarrita.
　E quanto a dir qual era è cosa dura
esta selva selvaggia e aspra e forte
che nel pensier rinnova la paura!

ひとの世の旅路のなかば、ふと気がつくと、私はますぐな道を見失い、
　暗い森に迷いこんでいた。
ああ、その森のすごさ、こごしさ、荒涼ぶりを、語ることはげに難い。
　思いかえすだけでも、その時の恐ろしさがもどってくる！

（寿岳文章訳）

舞台で演じているかのように、エミディオは、身振り手振りをまじえ、声を高め、

声を低め、涙を浮かべんばかりの恍惚とした表情で暗誦していく。わたしは、ドイツ語の対訳版を目で追いながら、かたわらでテープレコーダーに録音していた。ひとこともわからないイタリア語が、じっと耳を傾けているうちに、なんだか心の奥底からわかるような気がしてくるから不思議だ。一時間も、二時間も、異常なほどの熱意をこめて、エミディオは読みつづけた。全身びっしょり汗をかいている。テープがおしまいにならなければ、まだ延々と続いていたことだろう。

こんなふうにして『神曲』や、さまざまの国語で書かれた聖書などを朗誦することは、小さいころから彼の家庭でつちかわれた習慣らしい。母親がフランス語で、ペローの童話や、ラ・フォンテーヌの詩を読み、父親がイタリア語で、『クオレ』や、『ピノキオ』などを読み聞かせてくれたという。

何かをなつかしむようなまなざしで、エミディオは溜息をついた。

「気分がふさぐとき、ぼくは、声を出して、自分の好きな作品を読むのがいちばんなんだ。ローマでは、いつもそうしてたけど、ドイツにきてから、長いこと忘れていたなあ……」

ちょうどそのころ、エミディオは、例のカストロ髭を剃り落としたばかりだった。

天使のようなローマの婚約者から突然手紙がきて、婚約破棄になってしまったのだ。

「彼女は天上の富より、地上の富のほうを選んだらしい……牧師と、スイスの資本家の息子では、はじめから勝負がきまってる……」

わたしが帰国する間際に、エミディオは、わたしを食事に招待してくれた。同じ神学をまなんでいたドイツ人の女学生と婚約したのだ。

二人のしあわせそうな顔を見ながら、わたしは言った。

「エミディオが前に読んでくれたのは、地獄篇だったけど、こんどこそ天国篇を朗読してもらいたいな」

エミディオは、いたずらっぽい目つきで、ほほ笑んだ。

「でも、タダーオ、煉獄《れんごく》篇を抜かすわけにはいかないさ」

ランゲジラボの独演会

エミディオとつきあっているうちに、いつのまにか彼の身振り手振りや、朗読の情熱が、わたしにも乗りうつってしまったらしい。

ランゲジラボは、反復練習という点では非常に効率的で、うまく利用すればかなり力がつく。だが最大の欠点は、練習が退屈で、孤独なことだ。電話ボックスのような囲いのなかで、ひたすらテープの声だけを相手に、機械的な練習をくりかえす。一週間に一度か二度でも、だんだん嫌気がさして、いつのまにか止めてしまう人がふえていく。

　そこで、わたしが対抗策として考えたのは、まずできるだけ想像力を働かせて、無味乾燥な例文を、ユーモラスな、自分の文脈に引きつけたものに変えてしまうことだった。たとえば、

「わたしがザルツブルクに着くと、いつもきまって雨だった」

というような、わたしとまるで無関係な練習文を、

「わたしがトイレに入ろうとすると、いつもきまって先客がいた」

というように。

　つぎには、身振り手振りをまじえて、その時の気分になりきること。つまり、想像力の世界で「ごっこ遊び」をしながら、一人芝居をするのである。

「ランゲジラボの練習が終わり次第、みんなでビールを飲みに行きましょう！」

というような例文を考えたら、実感をこめて、おおげさに、何度もジョッキをあおる

ようなしぐさをする。

食道楽のバルザックは、一文無しで豪華な食事ができないとき、固パンをかじりながら、皿の上にいろいろなご馳走が並んでいるのを想像して食事を楽しんだという。想像力の衰えかかった現代人のわたしたちでも、それぐらいのことはできる。

時々、レシーバーから、みんなの練習をチェックしている教官のくすくす笑う声が聞こえてくるようになった。

もう一つ、振り返ってみると、わたしの後ろのブースを使っている女の子たちが笑いころげている。おかしくて、練習どころではないらしい。

わたし自身のラボ講習が終わって、何カ月かのちに噂を聞いた。指導教官は、新たな生徒たちに、わたしの話をし、あのやり方を勧めたとのこと。エミディオ仕込みの、一人芝居の熱演ぶりが、ついに認められたのか。それとも、ブース内ではおかしなふるまいを謹んでほしいという、ほのめかしだったのだろうか……?

工場での会話訓練

ランゲジラボでの経験は、さらに思いがけない時に役にたった。

いつもいっしょに山登りをしていたドイツ人の友人が、今度の夏は、モン・ブランに登ろうと言いだした。あのあたりはフランス語が必要だが、自分は論文で忙しい。どうせきみは、工場で働かなければならないんだから、その間に、簡単な会話だけでも通じるように練習しておいてくれないか、と。

わたしは、休みを利用して、いくつかの工場で働いてきたが、工場にフランス人がいるのはごく稀だし、期間もあと四十日ほどしかない。いくらなんでも無茶をいう友人だと思った。ともかく、寝泊りと買物に不自由しない程度の会話を身につけるには、最低ぎりぎりの文型と単語を押えるしかない。というわけで、わたしは、一ページに四つ簡単な文型があって、簡単な絵が添えられているペーパーバックの本を買った。

作業着のポケットに、わたしは、この本をしのばせて仕事をした。たいていは一日中、ドリルやグラインダーの単純作業である。ときどき十秒ほど暇を盗んでは、ちらっと本をのぞきこみ、ひとつの文型を覚える。あとは本をしまい、作業をしながら、動作に合わせて、その文を、何分も何十分も、鼻唄のように、念仏のように唱え続けている。たとえば、ドリルのハンドルを上げ下げしながら、

Je voudrais vous voir ce soir.

（今晩あなたにお目にかかりたいのですが）

そのうちに、また、ちらっと本をのぞいて、だんだん別の表現に変えていく。パターン練習というやつだ。それも、なるべく、その時の自分の気持ちにぴったりなのを工夫する。たとえば、やたらにどなりちらす、意地の悪い親方《マイスター》などがようやく立ち去ったあとは、例文も穏やかならぬものになり、ハンドルを握る手にも、気迫がこもる。

Je veux le mettre en prison !

（あいつを監獄にぶちこんでやる）

こんなふうにして身につけたわずかなフランス語は、登山中、はたして実際の役にたっただろうか？

こちらが言いたいこと、聞きたいことは、身振り手振りもまじえて、なんとか通じさせることができたが、相手が自分のペースでしゃべりはじめると、もうお手あげで、とくに数字を練習しておかなかったのは大失敗だった。

荒野の農家の物置きで、穴だらけの馬用毛布を借りて寝たとき、おかみさんから牛乳を買うついでに、

Où sont les toilettes ?（トイレはどこですか）

とたずねたら、やにわに怒りだした。何やらののしっているようすだが、最後にひとことだけ聴きとれたのは、両手をさっと振りあげて、吐きだすように言ったことばである。

Partout !（= everywhere）

その権幕に押されて、ほうほうのていで逃げかえったわたしは、ドイツ人の友人とふたりで念のため豆辞書をしらべてみて、大笑いした。物置きのまわりの荒涼たる原野を見まわすと、牛や羊の群れが放牧され、「どこもかしこも」トイレだらけだった

のだ。

それから、ことばに詰まると、両腕が勝手に動きだしてしまうのは、工場作業の名残《なごり》だったのかもしれない。

フランス語会話は、それっきり忘れてしまったが、今でも何かが体に刻みこまれているような気がする。工場の油や牧草のにおいとともに。

デンマーク語の素読と「正丼」印

コペンハーゲンに滞在する外国人のうち、デンマーク語を話せる人は、おそらく五分の一にも満たないだろう。東京にいる外国人のばあいも考えてみればわかることだが、英語でいちおう用が足せるのに、その国でしか通用しないことばを覚えるのは時間の浪費だ、と考える人が意外に多い。

しかし、わたしの経験では、たとえ三日の滞在でも、とりあえず挨拶のことばから覚えることをはじめたほうがいい。どの国にでも、滞在する以上は、一カ月なら一カ月、一年なら一年なりの習い方があり、それなりの習い甲斐がある。せっかくの機会を活用しないことこそ、人生の無駄遣いではなかろうか。

その国の人間の心をいちばんよく表わしているのは、何といっても、その国のことばにちがいない。デンマーク語をまったく習わないでデンマークに暮らしている外国人は、まるでポリエチレンの袋か何かで外界から隔てられているかのように、デンマーク人に触れておりながら、実際には触れていないような違和感を抱いているのが普通だった。

そういうわけで、家族でコペンハーゲンに暮らしはじめたとき、わたしは妻にもデンマーク語を学ぶことをすすめた。わたし自身はすでにデンマーク語を多少学んでいたが、会話の点ではまったく経験がない。最初の一カ月間、まずわたしが集中的に会話クラスに通うことにした。

会話クラスは、簡単なテキストを使って、はじめからデンマーク語のやりとりだけで行われる。欧米人のばあいは、何といっても自分の母国語とつながる部分が大きい。デンマーク語は、英語とドイツ語を合わせたようなことばだから、要するに慣れの問題だという人もいた。実際、少なくとも初めのうちは、さほど予習をしなくても、毎日クラスに出席さえしていれば、けっこう基礎的な力をつけていく人が多かった。

しかし、語学の苦手なわたしのばあい、そうはいかなかった。テレビや町の会話にいくら耳を傾けても、ひとことも理解できない。結局のところ、自分が無意識に発音できないことば、すらすら言えない表現は、絶対に聴きとれないのではなかろうか。そこで、わたしは、デンマーク語の響きに「内側から」慣れるために、会話のテキストを毎晩、くりかえし音読することにした。

くりかえすと言っても、その日の気分や疲れぐあいによって粗密がある。何十回か読んだつもりでも、実際に回数をかぞえてみると、意外に少ないことに気づく。一回読みおえる度ごとに、わたしはページの余白に鉛筆でしるしをつけていった。正印はもちろん五回分。一度に十回単位で読むことにしたばあい、|が十回、||が二十回、卅が三十回、卌が四十回、𠦜が五十回で、これは丼《どんぶり》という字に似ているので、わたし自身は、両方を合わせて、「正丼《まさどん》」印《じるし》と呼んでいる。回数にのみこだわると、うわの空になってしまうし、気持ちのうえで疲れる。むきにならず、店屋物《てんやもの》の空《から》丼が重なるのを楽しむくらいのゆとりが必要だ。

わたしたちのクラスは、ぜんぶで十二名ほど。学生や主婦のなかに、小学生の姉弟二人がまじっていた。国籍はイスラエルで、旅行社を経営している父母といっしょに半年ほどコペンハーゲンに滞在中。インターナショナル・スクールが夏休みになったので、この機会を利用してデンマーク語を学びにきたのだという。家ではふだんヘブライ語、学校では英語、そうして外では今後デンマーク語を話すことになり、しかも日曜日には、旧約聖書の勉強のためにシナゴーグのサンデー・スクールに通っている。半年の滞在のためにわざわざデンマーク語を学ぶのは無駄な負担だし、ちょっときつすぎないかね、と誰かに質問されて、

「でも、わたしたちは、行く先々で、できるだけその国のことばを習うようにしています。いつ役にたつかわからないし、きついのは、楽しいですから」

と答えていた。父母の出身地が異なるので、家族四人がそれぞれ身につけたことばを合計すると、七つ以上になるそうだ。後日、東京のシナゴーグのラビに、その話をしたついでに、ユダヤ人はなぜ、外国語に堪能な人が多いのでしょう、と質問したことがある。ラビは苦笑しながら言った。

「必要性からくるのですよ(It comes only from necessity)。外国語を身につけなければ、わたしたちは生きていけません。その点、日本人は実にしあわせな国民です」

と。

集中コースのあと、今度は、週に二、三度、わたしが子守を引き受けて、妻が夕方

の初級コースに通いはじめた。前と同じテキストだったので、あらかじめ、わたしと二人で何度も何度も音読してから講習に行く。デンマーク語はまったく初めてだった妻も、ゆとりをもって授業を楽しみ、英語とデンマーク語チャンポンで、さまざまな国の人間と積極的にことばを交わすことができるようになった。もっとも、いちばん役にたったのは、やはり国際共通語であるボディー・ランゲージであったようだが。

二年間の滞在で、わたしたちが初めのうちからデンマーク語を習っておいたのは、今にして思うと正解であった。いくら拙いデンマーク語でも、直接デンマーク人のふところに飛びこんでいくきっかけになった。ことばは、心のとびらを開く鍵のようなものだ。

自動車教習所の内と外

わたしがテキストに印をつけることを思いついたのは、デンマークに出発する間際に、自動車の免許を取っておこうとしたことがきっかけになっている。出国まぎわで制限時間ぎりぎりいっぱいだから、何度も試験のやり直しをしている暇はない。運転や法規のテキストを念入りに読むたびに、正印をつけるようにし、結局、全体をまんべんなく十回以上くりかえすことができた。ざる頭で水を汲むようなわたしが、筆記試験で奇跡的に満点を取れたのは、後にも先にも、わたしの生涯で一回限りの快挙だったかもしれない。

ご存知のように、日本の自動車教習のやり方は、まず構内のコースを使って、基本的な発進停止、加速減速、カーブのハンドルさばきなどをくりかえし、充分身についた上で、外の道路に出ていく。実際にはありえないような極端なS字型のカーブや蒲鉾《かまぼこ》型の坂道などで、技術を磨いたりもする。ヨーロッパではそうでない。はじめから、いきなり、町の路上を走らせるのである。だから、自動車教習所といっても、せいぜい教室が一部屋ある程度で、小さなタクシー会社のようにこぢんまりとしている。

方法として、どちらがすぐれているか、いちがいには言えないであろう。ヨーロッパ方式は、初めてハンドルを握る人が、わたしたちと同じ道路を走っているのだから、物騒といえば物騒だ。その代わり、運転全体のリズムを早くから体得でき、実地に即した、こせつかない運転になる。

わたしたち日本人がヨーロッパ語を習いはじめたばあいにも、同じようなことが言える。日常会話のなかで、じかにことばを体得していくというやり方は、よほどの達人でない限り難しいのではあるまいか（そういう稀有な例を、わたしは何人か知っているが）。なぜなら、たとえばドイツ人が、今まで聞いたこともないデンマーク語を習いはじめたとする。大部分の単語は、ドイツ語と語根が同じであり、響きも似ている。語順や文法も、細かい違いはあるが、大筋においてほぼ同じだ。何十パーセントかの共通要素をふまえて、違いを学ぶだけである。日本人が、世界のことばのなかではいちばん近いと考えられる韓国語を習うとしても、そうはいかない。

わたし自身は、かつてドイツ留学中にデンマーク語をはじめた。文法の本を一学期間で仕上げると思ってのんびり構えていたら、初日の授業でざっと説明しただけで、次週までにこれを読んでおいてくださいといって、二百ページほどの小説を渡された。同じ授業に出ていたドイツ人（モン・ブランにいっしょに登った友人）も、はじめのうちは、わたしと同じに、ひっきりなしに辞書を使っていたが、三分の一ほど行ったところで、あとは一気に読み上げてしまった。

もっとも、会話となると個人差が大きい。たいていの人は、やはり基礎練習を積み重ねていくしかないであろう。わたしたちにしても、たとえば、京都に暮らしていれば自然に京都弁がしゃべれるというわけのものではない。それから、同じヨーロッパ語族といっても、比較的距離のあるスラブ系のことばや、ギリシア・ラテンの古典語などを学ぶには、教習所内方式を必要とするようだ。

ところで、漢文の素読というのは、いったい、そのどちらのやり方に属するのだろうか。

一定のテキストを反復朗誦して、基礎を固めてから先に進むという点では、日本の教習所のやり方に近い。けれども、いきなり現場に引っぱりだすという点では、ヨーロッパ方式にも似ている。両方のいいところを折衷した方法といえるかもしれない。デンマーク語会話の集中コースのあと、わたしは図書館で次々と本を借りて読みふけった。とくに、『タンタンの冒険』シリーズなどの漫画や児童書が、読書力をつけるのに役立った。ようやく構内教習から路上教習に移ったのである。

立ち机のこと

ヨーロッパでさまざまの文豪や詩人、哲学者の書斎を見学すると、立ち机に出っくわすことがある。たいていは、上の板が斜めになっており、小さな引き出しがついている。たとえばキルケゴールの遺品のうちに、あるいは、リルケが滞在したミュゾットの館の書斎に、わたしはそのような立ち机を見いだした。彼らはいったい、この机をどのように用いたのだろう。

かつて何人かの仲間たちとスイスのミュゾットを訪れたとき、ちょうどリルケの研究者でもある詩人のホルトフーゼンが館に滞在していて、わたしたちを案内してくれた。アルプスが見わたせるベランダや、常夜灯のともる礼拝堂などを回ったあと、書斎の立ち机を指さしながら、彼は言った。

「この立ち机で、リルケは彼の最上の詩をいくつか書きました。すぐれた詩を生みだすには、立って仕事をすることが大切だと考えていたのです」

そうして、さらに付け加えた。

「わたしも、ときどき、この机を使って詩を書いています」と。

キルケゴールのばあいも、部屋から部屋へと歩きまわりながら、あふれんばかりのインスピレーションを、立ち机のうえに用意してある原稿用紙に書きとめていったらしい。

立ち机は、精神および肉体を集中させるので、長時間の仕事には向かない。短い手紙を書くときや、簡単な調べもの、気迫をこめて何かをつかみだそうというようなばあい、それから、朗誦の際などにもよく用いられる。日本では、正座で素読をするのが普通だったようだが、立ち机だと体を動かして、全身から声を出すことができる。

わたしの研究室には、普通の机のほかに立ち机が置いてある。立ち机といっても、実際のは高価で手が出ないから、製図用の机を代用したものだ。高さも、板の角度も調節可能で、必要なら座り机にすることもできる。しかも、板と台で二万円弱の値段である。漢文や、聖書や、ファウストなどを朗読するとき、わたしはこの立ち机に向かう。残念ながら、インスピレーションのほうはなかなか湧いてこず、立ちくたびれてしまうことが多いが。

ギリシア・ローマにおける古典の学習

プラトンといえば、わたしたちにとっては古典中の古典だが、そのプラトンや師のソクラテス自身も、彼らにとっての古典を学ぶことからはじめたのである。古代ギリシア人にとっては、ホメロスが、つねに揺るぎない古典の首座を占め、ヘシオドスがこれに次いでいた。

ヘレニズム期のギリシアにおいて、子どもたちはまず初等学校のようなところで、硬い書き板を膝のうえに置いてアルファベットを学び、音節の組み合わせを練習した。それが済んでから単語にとりかかり、主としてホメロスに出てくる人物の名や、神々の名、河川の名などの固有名詞を綴った。つぎに、短文に進むが、ここでもホメロスの例文などを、声を出して読み、必ず暗誦させられた。教科書をもっているのは教師だけだったので、生徒はすべてを書きとり、スポンジで消す前にどんどん覚えていくしかなかった。読むことと、書くことが、わかちがたく結びついている点で、日本の寺子屋の教育と似かよっている。

こうした準備を経て、中等教育の段階で、いよいよホメロスや、そのほかの作家に入っていった。読むにあたっては、まず、子どもにあらすじや抜粋を与え、場面を描いた壁画を見せたりしておく。実際に作家を読みはじめても、いちいち全文を書き写しながら進むので、ひどく時間がかかった。しかも、当時の書き方では、分かち書きをせず、句読点もない。アルファベットが目白押しに並んでいるだけの、のっぺらぼうな文章を、正しく区切って、正しいアクセントで朗読するには、入念な準備が必要であった。この段階でも、朗読と暗誦が重視されたことは、いうまでもない。しばしば朗読や暗誦のコンクールが開かれたらしい。

ギリシア人の古典は、そのままローマ人にも受け継がれていく。ローマの教養人は、自国語であるラテン語と、外国語であるギリシア語を、同じように自由に話すことができた。このへんの事情は、たとえば帝政ロシア時代の貴族たちを考えてみればわかる。『戦争と平和』の冒頭は、いきなりフランス語の会話ではじまっており、当時の貴族(トルストイ自身も含めて)は、フランス語やドイツ語を、ロシア語以上に流暢に話し、手紙や日記を書いたのである。

ローマ人は、自国語の修練のためにギリシア語を利用した。ちょうど、わたしたちの祖先が、漢文を学ぶことによって日本語を磨いていったように、ギリシア語をラテン語に翻訳し、ラテン語をギリシア語に翻訳することによって、彼らは二カ国語を同時に学んだ。貴族の家では、幼いときから子どもにギリシア人の召使をつけ、ラテン語よりも前にギリシア語が話せるようにした。ギリシア語の優位は、何といっても絶対的で、ラテン語を軽蔑する知識人も多かった(以上の記述は、主としてH・I・マルー『古代教育文化史』に基づいている)。

やがてローマ人は、ギリシア古典との接触からはぐくまれた自国語の古典に自信をもちはじめ、直接ギリシア古典から学ぶことをやめて、自国の古典に専念するようになる。ところが、皮肉なことに、むしろラテン文学の力はそれを境として急速に衰えていったのである。

今日でも、ドイツやフランスでは、古典語教育の大巾な減退によって、文体がかつてのような骨格を失い、深みをなくしたという意見がしばしば聞かれる。ニーチェやマルクスの時代だけでなく、ハイデッガー、サルトル、そうして今日のデリダにいたるまで、古典語の豊かな素養が背後にあることを肝に銘じておかないと、わたしたち日本人は、表面的な流行に踊らされるだけで終わってしまうだろう。

日本に関しても、漢文がこれと同じ役割を果たしていたことを指摘する人は多い。ロシア思想史担当の同僚、佐々木照央《てるひろ》氏によれば、かつてモスクワ大学で日本文学を担当し、平家物語などを翻訳したリヴォーヴァ女史は、日本人が漢文をやらなくなってから、日本文学そのものが痩せてきた、と言っていたとのこと。

◇

【第四章】補足

回り道――ラテン語とエスペラント語

最近の語学教育では、文学書や古典をじっくり読んでいくことよりも、もっぱら「実用的な」会話が重視される。二つの世界大戦を経験してきたヨーロッパにおいても、数十年前からおなじような傾向が加速している。たとえばドイツのギムナジウム（中高等学校）では、伝統的にまずラテン語、ギリシア語など、古典語の学習が中心であったが、国際交流や交易を視野において、近代語のコースが次々と設けられるようになった。最初からフランス語や、英語、イタリア語、スペイン語などをまなぶ方が、古典語学習より時間がかからず、社会にでてからもすぐに役立つ。

わたしが西ドイツで学んでいた時期（一九六〇年代後半）には、まだ古典語コースの学生のほうが圧倒的に多かったが、近代語から始めた学生もまじっていた。ところが数年前、デンマークに滞在したときは、比率が完全に逆転していた。近代語の学生たちに尋ねてみると、古典語はむずかしく、習得に時間がかかり、「鎧かぶと」とおなじで日常生活には無用の長物だという。

反対に、古典語からはじめた学生に言わせると、近代語の学生は、たとえばフランス語を比較的速く学べても、英語は英語でまた別に学びなおさなければならず、毎回、新しい外国語ごとに初めからやり直しが必要になる。その点、まずラテン語を学んでおけば、記憶力や語学の勘も鍛えられ、ヨーロッパの言語ならほぼ見当がつくようになる。ニーチェ、シュリーマン、マルクスを持ち出すまでもなく、最初にみなもとからはじめる方が得策で、「急がば回れ」、古典語学習は遠回りにみえて、実はいちばんの近道だという。

わたし自身はかなり後でラテン語を学んだ一人だが、思い返してみると意外な伏線があった。高校初年のころエスペラント語に興味をもち、仲間たちとエスペラント同好会を作ろうとしたことがある。英語さえまだ中途半端なのに、なぜ余計なことに手をだすのかと、担任の教師は渋い顔をしていた。エスペラント語はラテン語やギリシア語の語彙を大巾にとりいれたので、ラテン語やラテン語系のことば（仏伊西語など）と似通っている。けれども文法に不規則がなく、複雑な語形変化もないので、簡単な辞書さえあれば、習いはじめてすぐ、読んだり書いたりできるようになる。語彙や会話の習得にはそれなりの時間がかかるとしても、英語のようにいちいち発音を確かめる必要もない。

その後わたしは、いくつかの外国語に取り組んで悪戦苦闘してきたが、エスペラント語に触れた経験が、羅針盤《コンパス》やアリアドネの糸の役割をはたしていたことに、最近ようやく気づかされた。たとえばエスペラント語で、つぎの簡単な文を覚えたとする。

Mi amas vin.〔ミ・アーマス・ヴィン〕わたしはあなたを愛しています。
Vi amis min.〔ヴィ・アーミス・ミン〕あなたはわたしを愛してました。

北欧語は別として、おなじことを言うのに、ドイツ語でも、ギリシア語でも、ロシア語でも、主語によって動詞が変化するので、まず動詞の現在変化や過去変化をおぼえなければならない。「わたし」や「あなた」といった代名詞の格変化も必要だ。それに対してエスペラント語では、代名詞はいずれも -i の形であり、目的語には（日本語の「を」と同様に）-n をつければいい。現在形の動詞は人称にかかわりなく -as の形、過去形なら -is、未来形なら -os ですむ。

エスペラント語のこうした簡素な骨組みが記憶の底に刻まれていると、新しい言語

（たとえばドイツ語、ギリシア語、ロシア語）の、どんなに複雑な変化を前にしても、その背後にある骨格が透けて見えるので、表面的な複雑さに圧倒されずにすむ。氷も、水も、湯も、蒸気も、化学記号ならH_2Oだけであらわされる。ことによるとチョムスキー理論の「普遍文法」という概念においても、ザメンホフ（一八五九―一九一七）が案出したエスペラント（＝希望する者の意味）語のことが念頭にあったのかもしれない。ちなみにザメンホフもチョムスキーも、「バベルの塔」の神話を生きるユダヤ人の末裔である。

現在、欧州連合（EU）では、国際会議のとき各国語間の通訳が必要なので、膨大な時間と経費をかけている。英語にしろ、フランス語にしろ、共通語として一言語ないし複数の主要語だけを採用すれば、猛反発をくらうし、いまさらラテン語は無理だ。インターネットもふくめて、目下のところ世界を席捲するのは英語だが、英語使用国にとってのみ有利で、グローバリズムの名のもとに言語帝国主義におちいりかねない。しかも英語ということばは、一見とっつきやすいが、日本語と同じで綴りと発音が一致せず、不規則や例外、慣用句などが非常に多くて、いくら学んでもきりがない。

ここにきて、エスペラント語の選択という可能性も（まだまだ少数派であろうが）

浮上してきた。エスペラント語があれば、ヨーロッパのほかの言語はいらなくなるわけではない。むしろそれぞれの言語の独自性を尊重するからこそ、中立性の高いエスペラント語に、交通整理をしてもらおうというのである。いくら高速道路ができても、地方の道路の必要性は変わらない。

日本では中学校で英語を習いはじめるまえに、小学校でローマ字教育が行われているが、ローマ字教育そのものの位置づけもあいまいで、効果もおぼつかない。英語教育にとっては、むしろマイナス面の方が大きいという指摘もあり、最近では小学校における英語教育の必要性すら叫ばれている。ローマ字教育の代わりとして、いっそのことエスペラント語初歩を教えてみたらどうだろう。

同僚の佐々木照央教授は、ロシア本国においても認められているロシア思想史および文学の研究者だが、専門のロシア語だけでなく、英独仏西語や、中国語、韓国語なども話せる。わたしのばあいとは逆に、さまざまの外国語を習得した後でエスペラント語にふれて、短時日のあいだに、読み、書き、話し、聞くことができるようになってしまった。

エスペラントを経由すると、既存の諸言語の特徴がはっきりする。だからエスペラントの知識があると、たくさんの諸言語が整理されて脳に記憶される。そろばんの得意な人は暗算ができる。エスペラントは「言語のそろばん」である。頭の中に言語のそろばんができると、諸言語の整理箱ができたような感覚がわく。

僕は英語のような文法や発音の複雑な言語よりも、単純なエスペラントを最初の外国語として習うほうが、語学の上達（英語もふくめ）が速いと思う。

日本人にとってはエスペラントの発音が聴くにも話すにも容易である。難易度はローマ字を読むのと大して変らない。小学三年生ぐらいでエスペラントを学べるような教育制度があれば、日本人の外国語コンプレックスは大幅に解消されると思う。

佐々木照央『エスペラントは言葉のそろばん』
埼玉大学広報誌「欅」第10号（二〇〇三年三月二四日）

エスペラント語の簡潔な構造や普遍性は漢文とも相通ずるものがあり、小学校の低学年であらかじめ音訓式素読を行っておけば、さらに効果があがるのではないかと期待される。

いこひの水浜《みぎは》にともなひたまふ
アプド・トランクヴィーライ・アクヴォイ・リ・
Apud trankvilaj akvoj Li
コンドゥーカス・ミン
kondukas min.

3 主はわが霊魂《たましひ》をいかし
リ・クヴィエティーガス・ミーアン・アニーモン
Li kvietigas mian animon;
②※ 我をたゞしき路にみちびき給ふ
リ・コンドゥーカス・ミン・ラウ・ヴォーヨ・デ・
Li kondukas min laŭ vojo de
ラ・ヴェーロ
la vero,
① 御名《みな》のゆゑをもて
プロ・スィーア・ノーモ
pro Sia nomo.
※原文の語順と和訳の語順がひっくり返るので、日本語として読む場合は①②の順となる。

声にだして読んでみよう

エスペラント語の〈旧約聖書〉「詩篇23」

☆旧約聖書全体のエスペラント語訳は、ヘブライ語だけでなくヨーロッパ各国語に通じていたザメンホフ自身による。

ダビデのうた/Psalmo de David　（プサルモ・デ・ダーヴィド）

1　主はわが牧者なり

ラ・エテルヌーロ・エスタス・ミーア・パシュティスト

LA Eternulo　estas　mia　paŝtisto;

われ乏《とも》しきことあらじ

ミ・マンコン・ネ・ハーヴォス

mi　mankon　ne　havos.

2　主は我をみどりの野にふさせ

スル・ヴェルダイ・ヘルベーヨイ・リ・

Sur　verdaj　herbejoj　Li

リポズィーガス・ミン

ripozigas　min,

第五章
ユダヤ教の聖書朗詠

シナゴーグの礼拝

かつてわたしは、ドイツ語の旧約聖書『詩篇註解』（ATDシリーズ）を翻訳したことがある。ドイツ語そのもののむつかしさもさることながら、ドイツ語のこちら側には日本語があり、ドイツ語の背後には原文のヘブライ語が厳として控えている。ラテン語のことわざで「翻訳者（traductore）は反訳者（traditore＝裏切者）だ」というが、三つのことばの板ばさみになって、わたしは三角関係の苦しみを、したたかに味わわされる羽目になった。おまけに、ユダヤ教の祭儀用語がやたらに出てくる。いろいろな本や写真で調べてみても、ユダヤ教の礼拝というものを実際に見たことがないわたしには、感触がつかめず、具体的なイメージが湧いてこない。とにかく、できることなら、自分の目で確かめ、自分で体験してみたいと思っていた。

東京のジューイッシュ・コミュニティー・センター（JCC）には、シナゴーグが設けられている。ラビのシュードリックさんに事情を話して、率直に見学をお願いしてみたところ、快諾してくださった。シュードリックさん自身はニューヨーク生まれのアメリカ人で、母国語は英語だが、ヘブライ語、イディッシュ語なども自由に話せ、日本語もいくぶんわかるとのこと。キリスト教のばあいとちがって、ユダヤ教の安息日は金曜日の日没から土曜日の日没までである。安息日の夕拝および朝拝に、何度か参加させてもらうことになった。

しかしながら、ここでユダヤ教の礼拝全般にわたって細々と述べていくつもりはない（詳しく知りたい方は、たとえば、手島佑郎《てしまゆうろう》『ユダヤ教入門』を参照）。聖書や祈禱書の朗詠のことを中心に、印象に残った点だけをしるしてみることにしよう。

男性は無帽のままシナゴーグに入るわけにはいかないので、わたしもまず、キパーと呼ばれる小さな帽子を借り受けた。ちょうど、紙ふうせんを折りたたんだような形と思えばいい。刺繡した小皿のような形のを、ずり落ちないようにピンで髪に止めている人もいる。肩にはタリートと呼ばれる祈禱用のショールを掛けることになっているが、これはなんとなく遠慮してしまった。後で聞いたところでは、タリートは既婚男性にしか許されていないとのことで、わたしも独身組の一人と見なされていたのかもしれない。参加者は入口のところで旧約聖書と祈禱書を借りて席につく。どちらも、ヘブライ語と英語が左右対照になっている。

シナゴーグの礼拝は、この「スィッドゥール」と呼ばれる祈禱書にそって進行していき、ラビはその司会の役割をつとめるだけである。その点、プロテスタントの教会で牧師の説教が礼拝の中心に立つのとは異なる。中央の祭壇にハッザーン（歌唱者）が立ち、ハッザーンの後ろの手すりには、歌唱の補助者が二人ついていた。

詩吟や謡曲を思わせるような節をつけて、ハッザーンが朗々と響く声でヘブライ語の祈禱書を朗詠していく。早口ことばのように、かなりの速度である。節目ごとに、ラビが英語でページ数を言ってくれるが、どこを読んでいるのか、たちまち五里霧中。かたわらに座っていた老人が時々わたしに箇所を示してくれながら、"very rapid!"（えらく速いね）、と言って肩をすくめてみせた。ユダヤ人でも、ヘブライ語を話せる人ばかりではないから、慣れない若い人たちにとっては、それほど簡単なことではないらしい。

会衆一同も、ハッザーンに応答するようにして祈禱書の文句を唱えていくが、立ったり、座ったり、はっきり声を出して読む箇所と、小声でささやくように読む箇所とある。

非常に目立つのは、ハッザーンもラビも会衆一同も、朗詠のリズムに合わせて、まるでバッタがお辞儀をくりかえすように、体を前に折り曲げることである。小さな男の子たちがそのかたわらで、おもしろがって真似をしていたが、キパーが大きすぎてぶかぶかなので、すぐ床に落ちてしまう。大人たちは、それをたしなめるようなことはせず、むしろ楽しそうに、ほほ笑みをうかべて見ていた。式の半ばでメロディーが高揚してくると、手の平でベンチや書見台を叩きながらリズムをとる人もいる。

祈禱書は旧約聖書やタルムードの抜粋、さまざまの祈りのことばなどから成り、ユダヤ人の何千年もの歴史と精神的発展の跡が凝縮されているといわれる。伝統的な祈りのことばのうちに個々人の祈りが溶けあわされてゆき、お互いの祈りの声が霊感の息吹をつたえあう。

ハッザーンと会衆、あるいは二組のコーラスどうしのあいだで交互に朗誦し合う形式は、前者を「答誦」、後者を「交誦」といい、ユダヤの形式がキリスト教などを通じて西欧の音楽にも影響を与えたのではないかと推定されている（あるいはさらに共通の起源があったとも考えられるが）。

ヘブライ語は本来、子音を並べて書くだけである。紀元五世紀から九世紀にかけて、ユダヤの学者たちが、日本語のふり仮名のような形で、旧約聖書の本文に母音記号をつけ、マソラ本文と呼ばれる今日のテキストを確立した。したがって昔は、発音や文の切れ目がはっきりせず、生徒たちは漢文の「句読」のように、教師の口まねをして一句一句覚えていくしかなかった。その際に、棒読みでは記憶に残りにくいので、メロディーをつけて覚えやすいように工夫したのである。この点では、ホメロスの叙事詩や平家物語などの口承文学と共通している。

ハッザーンとの会話

ところで、わたしは、ハッザーンがひとつの決まった職業なのかどうか気になっていた。

ある時ちょうど、ジューイッシュ・コミュニティー・センターで、イスラエル人の夫婦と食事しながら話していたら、何度か礼拝のハッザーンをつとめた男が、かたわらで食事をはじめたので、思い切って話しかけてみた。意外なことに、彼はコンピューターの技師で、休暇でイスラエルから日本に遊びにきており、たまたまハッザーンに選ばれたにすぎないという。

しかし、よくよく聞いてみると、ハッザーンに指名されること自体、たいへん名誉なことらしい。彼自身は幼いころからシナゴーグに通い、小学校の授業のあと毎日四時間ずつ、聖書学校で聖書の勉強をし、その後も、大学を卒業するまで二時間ずつ通った。信仰心のあつい家系だが、歌は苦手な人たちばかりで、ハッザーンに選ばれたのは彼が初めてだと言った。カンタータのレシタティーヴや、受難曲のエヴァンジェリストのように、かなりの修練を積まないとつとめられない役割のようである。

祈禱書の序文には、ハッザーンについて、マイモニデス（一一三五―一二〇四、ユダヤ人哲学者）のことばが引用されている。

会衆のために指名された朗誦者〔ハッザーン〕は、その知識とふるまいにおいて定評のある者でなければならない。……気持ちのよい声をもち、よどみなく読める者を確保するよう努めるべきである……

それから、礼拝のときのあの奇妙なしぐさには、いったいどういう意味があるのか、このハッザーンや先ほどの夫婦に聞いてみた。式の始めや終わりに頭を下げるのは、もちろん神に対する服従とへりくだりを表わす。けれども、式の途中で祈禱の文句を唱えながら体を前後に動かすのは、リズムを取るため、ごく自然に出てくる動きであって、する人もいれば、しない人もいる。昔からそうする人が多いだけのことで、きまっているわけではないとのこと。

そう言われてみれば、思いあたることがある。わたしの祖父は、食事のあといつも、仏壇の前に正座して、前後左右に体を揺らしながら、簡単なお経をあげていた。わたし自身も、立ち机に向かって朗読するとき、不動の姿勢では声が出しにくいし、疲れてしまう。やはり無意識のうちに体を動かして、リズムを取っているようだ。

バイリンガルだったパウロ

パウロは、使徒行伝によれば、小アジアのキリキヤ州タルソスの生まれである。生《きっ》粋《すい》のユダヤ人として伝統的な宗教教育を受け、彼の母国語はおそらくアラム語であった。アラム語というのは、ヘブライ語およびフェニキア語にいちばん近いことばで、長いあいだセム語世界の国際語として用いられてきた。イエスも、当時のユダヤ人の日常語であるアラム語を話していたと思われる。パリサイ派のエリートとしての学びを完成させるために、パウロは若いときエルサレムに上り、名高いラビのガマリエルのもとで厳格な律法教育を受けている。

ところで、彼の育ったタルソスは、ギリシア文化が栄えた商業都市であり、住民のほとんどがギリシア人であった。パウロも幼いころからギリシア語を学び、残された彼の書簡はすべて、いのちのこもった、雄勁《ゆうけい》なギリシア語で書かれている。イエスによって告知された福音の教えは、このパウロという器を通して、ユダヤ人以外の異邦人にも開かれていき、局地的なものから普遍的なものに広がっていく。大切な橋渡しの役割をつとめたのである。

その際に、パウロがいわゆるバイリンガル（二言語を話す者）であったことが、大いに役立った。彼は、律法をもたないギリシア人に対してはギリシア人のごとく、律法のもとに生きるユダヤ人にはユダヤ人のごとく、つねに柔軟に対応することができた。すなわち、一方では、彼に対して憤《いきどお》るエルサレムの民衆に向かってヘブライ語（アラム語）で弁明している。他方では、エピクロス派やストア派の哲学者たちを相手に、アレオパゴスにおいて堂々とギリシア語で論じあえるだけの教養と論理を兼ね備えていた。

旧約聖書に通暁していたパウロは、議論の展開の要所要所で、聖書のことばを自由自在に引用する。あるばあいには、霊的飛躍によって、旧約聖書そのものを新約の立場から大胆に読み替えてしまうのである。宗教改革のときのルターがそうであったように、真の革新はむしろ伝統に徹するところから生まれる。ユダヤ教にとってパウロは異端児かもしれないが、パウロの根底をなしていたのは、やはりユダヤ教の伝統的な教育であった。ユダヤ教の強固な伝統は、その後も、スピノザ、マルクス、ドイッチャー、フロイト、カフカ、プルースト、アインシュタインなど、数多くの異端児を生みだしている。

ユダヤ教の教育

パウロは、両親およびラビのガマリエルのもとで、いかなる宗教教育をうけたのであろうか。

自分が受けた教育について、パウロ自身は具体的なことを何ひとつ語っていない。しかし、ヨセフス（三七頃—一〇〇頃）の著作やタルムードなどの資料により、当時の状況がある程度までわかっている。

バビロン捕囚の時代（前五九七—前五三八）に、エルサレムの神殿に参拝できなくなったユダヤ人たちは、やむをえず、それぞれ各地にシナゴーグをつくって礼拝しはじめた。シナゴーグは、ヘブライ語の「カーハール」をギリシア語に訳したことばで、本来、会堂の建物や場所ではなく、集いや集会を意味する。かつてエルサレムの神殿では、犠牲と供物《くもつ》をささげることが祭儀の中心だった。シナゴーグではそれができないので、聖書の朗読と教育が重視されるようになっていく。すなわち、民族の苦難と必要性に迫られて、ユダヤ教の礼拝は、

一、特定の場所や建物との結びつきから解放され、

二、犠牲祭儀の束縛から自由になり、

三、「神のことば」に専念する精神的・霊的な礼拝に脱皮していったのである。

バビロン捕囚後も、ユダヤの指導者たちは、ヘレニズム文化の侵入をくいとめ、律法の学習を民衆のあいだに普及させるために、「ベート・ハッセーフェル」（書の家）、「ベート・ハッミドラーシュ」（学びの家）、「イェシーヴァ」（講筵《こうえん》）、などと呼ばれる私塾のような学校をつくった。イエスやパウロの時代には、このようにして初等教育から高等教育にいたるまで、学校教育がかなり普及していたと考えられる。

以下、そのあらましを簡単に述べておくことにしよう。

子どもが話しはじめるやいなや、父親はヘブライ語で話しかけ、律法《トーラー》を教えなければならない。もの心のつかないうちから、早期教育が行われることになる。人間は生

まれつき悪い性質なので、律法による訓練やしつけが不可欠であるという認識が、ユダヤ教の人間観の大前提になっている。その点、子どもの善性に信頼して、自然の教育にゆだねておくことが大切だというルソーの考え方とは、あくまで一線を画する。タルムードには、「子どもを生ませた者ではなく、子供を教育する者こそ、父と呼ばれる」と書かれており、換言すれば、自然《ナトゥーラ》(natura)ではなく、律法《トーラー》(torah)が、人間をはぐくむのである。

子どもはまず、シェマーという祈りを覚え、日に二回唱えさせられる。シェマーというのは「聞け」という意味で、申命記の「聞け、イスラエルよ」からきている。申命記第六章四―九節が本来のシェマーであるが、さらに、第十一章十三―二十一節、民数記第十五章三十七―四十一節を合わせて、基本的な信仰告白とし、今日でもユダヤ教徒は必ず日に二回唱えることになっている。合計すると二十節で、ほぼ般若心経ぐらいの長さと考えればいい。安息日に子どもをシナゴーグにつれていくのも、父親の大切な役目であった。この時期の教育を、ヘブライ語で「ヒンヌーク」というが、これは奉納、献身、訓練の意味である。

タルムードには、五歳で聖書の勉強をはじめ、十歳でミシュナー(タルムードの第一部。口伝律法を集めたもの）、十五歳でタルムード（教訓、教養、の意。本文のミシュナーに、註解のゲマラを加えたもの）、しかし、もっと早くはじめることも多いと書かれている。だが、実際にこのとおり行われたのかどうかは、定かでない。

ベート・ハッセーフェル（書の家）に通いはじめた児童は、まず粘土板でヘブライ語の「いろは」（アーレフ・ベート）を習う。お菓子でつくった文字に蜂蜜を塗って食べさせたりするしきたりが、今日でも続いており、文字を覚えることが、律法の喜びにつらなる門出として祝われる。ユダヤ人は、周辺の民族から「書の民」と呼ばれていた。今のことばでいえば、本の虫、といったところであろうか。イスラム教徒も初めのうちはコーランを口伝で唱えるだけであったが、ユダヤ教に刺激されて文書にしるすようになったという。コーラン（クルアーン）ということばは、唱えるという意味からきている。

文字を習得すると、ただちにヘブライ語の聖書を学びはじめる。すでに述べたようなメロディーをつけて、モーセ五書の読み方を何百回となく反復朗唱した。ミシュナーというのは、まさに「くりかえし」を意味する。それと併行して、日常語であるアラム語の翻訳（タルグーム）も習った。原文と翻訳を具体的にどのような順序で唱えたのか、はっきりしないのは残念であるが、ここにも、漢文の音読み訓読併読法のヒントがある。ベート・ハッセーフェルは、シナゴーグに付属しているばあいが多かったから、上級の生徒たちは礼拝において朗詠を手伝う機会にも恵まれていた。

母音と子音

ヘブライ語のアーレフ・ベートは、フェニキア文字を通じて、ギリシア語のアルファ・ベーターになっていった。

ところが、おもしろいことに、ヘブライ語自体には母音をしるす文字がない。古代セム人は母音を神秘的なものと考え、むしろ母音を畏《おそ》れた。なぜなら、子音は一度しか発音できないが、母音は無限にのばすことができる。母音はすなわち永遠の一部であり、有限の存在である人間を果てしない時間と空間にいざなう力を秘めている。母音を発音するということは、一瞬、神の息吹、神の霊、神の永遠をともにすることなのである（息吹も、風も、霊も、ヘブライ語では、「ルーアハ」ということばで表わされる）。神の霊を地上につなぎとめることができないのと同様に、母音を文字に書きとめるのは不遜なことであり、人間の身には許されていない。

こうした古代人の畏れは、母音を書きしるす文字を、便宜のため敢えて工夫したギリシア人にも、やはりいくぶん受けつがれている。ヘブライ語のアーレフ（א）は、前後の関係によって、「あいうえお」のどの音にも読めるが、この文字自体が母音を表わすのではなく、母音が発音される直前のかすかな吐息を子音として表わしたにすぎない。だから、いきなり母音からはじまる音は、いっさい存在しないことになる。

ギリシア語の場合、これと同じことを、二種類の気息記号であらわす。息が強いとhの音になり、有気記号（‛）をつける。息が弱い場合は、無気記号（’）をつけ、右のヘブライ語の場合と同じになる。したがって、母音が単語のはじめにくるばあいは、その上に必ずどちらかの記号を付けなければならない。たとえば、*ἀρχή*「アルケー」（初め）、*ἁρμονία*「ハルモニアー」（調和）、といったように。

だが、母音を書きしるさないと、どういうことが生じるか。

一、たえず読み方を伝承していかないと、発音がわからなくなってしまう。その極端な例が、ユダヤ教の神の名である。ヘブライ語は右から左に書くが、今それを英語のアルファベットに直して左から右に書いてみると、YHWHとなる。神の名を直接口にすることをはばかって、人々はこれを「アドーナーイ」（主《しゅ》）と読んでいた。何百年、何千年とたつうちに、本当の読み方を知る者が一人もいなくなってしまった。後世の母音記号に惑わされて、しばらく前まではエホワ（エホバ）と発音していたが、今ではヤハウェという発音であったと推定されている。

二、発音だけでなく、意味も不明ないしは多義的になってしまう。同じ文が母音のふりかたによって、いろいろな意味にとれるばあいがよくある。もっとも、ユダヤ教のラビたちは、そのことのうちにも神の深い啓示を読みとって、積極的に一つの文を種々に解釈していこうとする。神の啓示は一つでも、人間の現実に即して、さまざまな働きかけをする。

神は、一度告げられた。二度、私はそれを聞いた。
（詩篇第六十二篇十一節）

ついでに、ややニュアンスの異なる他の訳も参照してみると、

One thing God has spoken, two things I have learnt.

一つのことを、神は語った。二つのことを、わたしは学んだ。

（ニュー・イングリッシュ・バイブル）

Gott hat *ein* Wort geredet, das habe ich etlichemal gohört.

神は、一つのことばを語りたまい、それをわたしは、いくたびか聞いた。

（ルター訳）

三、書きとめられた子音は、いわば、神のことばの痕跡のようなものである。これにふたたび神の息吹がふきこまれ、神の霊感が働きかけることによってはじめて、真のいのちがよみがえる。息吹を通わせ、子音のあいだに母音を満たして音読しなければ、生きたことばにはならない。固定した子音と、流動的な母音とが、一つに合わさって、その度ごとに、一つのことばが生まれなおす。かくして、日々の聖書朗読や礼拝において、神の聖なることばに出会い、神に出会う。

しかしながら、わたしたち現代人とちがって、文字そのものを形骸と見なす発想は少しもない。古代オリエント人にとって、文字や記号は神から与えられた贈物として大切にされ、それ自体が神秘的な力をもつと考えられていた。

あなたがたは、私のことばを心とたましいに刻みつけ、それをしるしとして手に結びつけ、記章として額の上に置きなさい。

（申命記第十一章十八節）

現在でもユダヤ教徒は、平日の朝、テフィーリーンと呼ばれる小さな箱を額と腕に結びつける。お守りのような感じも多少あるらしいが、本来は、神の大能のわざを忘れないようにするための目印である。

ヘブライ人の瞑想とゲルマン人の黙想

ところで、ヘブライ人は、声をだして聖書を読んだり学んだりするだけでなく、声をだして祈り、声をだして瞑想するのが普通であった。

まことに、その人は主のおしえを喜びとし、昼も夜もそのおしえを口ずさむ。

（詩篇第一篇二節）

ここでは新改訳を引用したが、「口ずさむ」は、従来の訳では「そのおきてを思う」となっている。これはヘブライ語の「ハーガー」ということばで、「うなる」、「ため息をつく」、「つぶやく」、「小声で読む」、「思いめぐらす」、「語る」、などの意味をもつ。心のなかに沈潜するわたしたち現代人の黙想とくらべると、声をだして瞑想するというのは、いくぶん異なる内面性であることがうかがわれる。モノローグにおいても、ことばの根源である神の臨在がつねに意識されており、神のことばを介して、自分の心に語りかけるのである。

祈りは対話である。神に語りかけ、神の語りかけを待つ。イエスのゲッセマネの祈りがそうであったように、ヘブライ人の祈りは、天を見すえ、両手を高く挙げるか、あるいは、その姿勢のまま地面に突っ伏して、声をだして祈った。声をださないばあいにも、唇を動かして、自分にだけは聴きとれるようにする。

ハンナが主の前で長く祈っている間、エリはその口もとを見守っていた。ハンナは心のうちで祈っていたので、くちびるが動くだけで、その声は聞こえなかった。
（サムエル記上第一章十二節以下）

キリスト教徒の祈りは、両手を組み、首を垂れ、目をつむって、時には黙禱するわけだが、これには、ゲルマン人の習慣が影響している。もちろん、そのきっかけとなるのは、密室における内省的な祈りを説いたイエスのことばである。

なんぢは祈るとき、己《おの》が部屋にいり、戸を閉ぢて、隠れたるに在《いま》す汝の父に祈れ。されば隠れたるに見給ふなんぢの父は報い給はん。
（マタイによる福音書第六章六節）

「こと」と「ことば」

旧約聖書において、神のわざは、「声」（コール）ないし「ことば」（ダーヴァール）によってなされる。天地創造および啓示のいっさいの源は、ことばである。

神、光あれと言給《いひたま》ひければ、光ありき。（創世記第一章三節）

主のことばによって、天は造られた。
天の万象もすべて、御口《みくち》のいぶきによって。（詩篇第三十三篇六節）

「ダーヴァール」は、「こと」と「ことば」の両方を表わす語で、本来は「前に押し出す」という意味の動詞であった。神の意志が、ことばとして発せられることにより、神のわざ、すなわち神の「こと」が推進され、成就されていく。ことばとことが別々に成就されるのではなく、神のことばが発せられること自体が、「こと」の生起なのである。人間がことばを発するのは、神から与えられたことばを、ふたたび神に帰する行為にほかならない。

もっとも純粋なかたちをとった言語、すなわちヘブライ語は、世界の根源的・霊的ななりたちを反映している。ことばは神に由来するがゆえに、神に至る……生きとし生けるものはすべて、神のことばの表現である。

（ゲルショム・ショーレム『ユダヤ神秘主義』）

ヘブライ人の根底をなしているのは、このような動的・主体的な言語観と自然観であり、ヘブライ語そのものも、動詞を中心とした、非常に動的な性格を備えている。まさに「聖書の民」、「ことばの民」にふさわしい言語である。

ところで、別な意味合いにおいて「ことばの民」であるギリシア人の場合、やはり「ロゴス」（ことば）という語が、ギリシア思想のかなめになっている。ロゴスは、「レゲイン」（legein）という動詞からきているが、本来これは、「拾い集める」、「整理する」、「読む」、という意味で、一般的に、「言う」、「計算する」、「説明する」、「物語る」の意味で用いられるようになった。地質学（geology）、対話（dialog）などの語尾が、すべてロゴスからきているのでもわかるように、客観的、学問的、理性的な言語観がギリシア人を支えている。

ギリシア人の世界観においては、人間がものを客観的に「観る」主体になることが、最高の境地とされた。その最終目標は理念《イデア》であり、ことばはそこに至るための手段にすぎない。だが、こうした立場を西欧人のように突きつめていくと、やがては、対象と自己、こととことばが、完全に分裂して、ことばだけが一人歩きしはじめる。ハムレットは、苦々しげに、「ことば、ことば、ことば」とつぶやいた。現代人の眉間《みけん》にも、言語不信が重たく宿り、他方では、その裏返しの表現として、軽やかな言語遊戯やにせ物《フェイク》が巷《ちまた》にあふれている。ことばの主人公として、ことばを手玉にとってきたはずの人間が、土壇場になって、ことばの反撃を受けているのである。

わたしたちが、ことばの真実を回復するためには、まず、ことばに対して謙虚にならなければいけない。こととことばを握るのは、実は、わたしたち自身ではない。神にしろ、伝統にしろ、ともかくわたしたちを超えた何ものかが、わたしたちの「ことば」を根底から支え、「こと」を成り立たしめている。対象をことばによって客観的に正確に把握することは、もちろん大切である。だがわたしたちは、真実のことばとの出会いが人間をめざめさせ、主体的な行動に向かわせているという深い現実に、目をひらかれていく必要がある。

わたしの考えている素読とは、ことばをマスターして、ことの支配者になろうとする、傲慢なエリート養成のための方法ではない。あくまで「ことば」に忠実に、「こと」に仕えていく人間としての地道な修練にほかならない。素読を支えるのは、なによりも、そうした謙虚さではなかろうか。

小事に忠なる者は、大事にも忠なり。小事に不忠なる者は、大事にも不忠なり。

（ルカによる福音書第十六章十節）

Ich bin nichts; was ich suche, ist alles.

わたしは、なにものでもない。わたしの求めるものこそ、すべてだ。

（ヘルダーリン）

いろは歌の朗読

詩篇のうちに「いろは歌」と呼ばれる形式がある。いちばん長いのは詩篇第百十九篇なので、これを例にして話をすすめることにしよう。

「いろは歌」というのは、詩句の冒頭がアーレフ・ベート（アルファベット）順になっており、第百十九篇の場合、一節から八節までは全部アーレフではじまり、次の九節から十六節までは全部ベートではじまる。といったぐあいに、いちばん最初のアーレフから最後のタウまで、二十二にわかれ、全部で百七十六節から成る。これは聖書全体のなかでもいちばん長い。

形式優先なので、詩句内容のつながりや構成はほとんどなく、たんに頭文字をそろえてことわざを羅列しただけである。西欧の学者のあいだで、この詩篇の評判はあまりかんばしくない。形式のための形式にすぎず、オリエント風の単調さと冗長さの好見本だと言いきる者すらいる。だが、実をいえば、わたし自身は、この詩篇のうちに隠された宝を見つけて以来、聖書そのものを朗読していくことの意味と楽しさを知った。

これはバニヤンの『天路歴程』のように、地上の旅人の姿をふまえた詩篇である。「道」ということばが、「おきて」あるいは「みことば」とともに、何十回となくくりかえされており、ためしに二十二日間かけて、アーレフからタウまで毎日ひとくぎりずつ朗読してみると、そのことが実感されるであろう。日々の朗読がこの旅路とかさなりあって、味わいがいっそう深まっていく。

わたしは地では旅人です。

（十九節）

あなたのみことばは、わたしの足のともしび、
わたしの道の光です。

（百五節）

あなたのみことばは、
わたしの上あごに、なんと甘いことでしょう。
蜜よりもわたしの口に甘いのです。

（百三節）

目のともしび、つまり単に知るための、認識のためのともしびではない。旅人とし

て自ら歩むための「足のともしび」、暗い行く手を照らす導きの「光」である。

旅には食糧《かて》が必要だが、それは砂漠の砂のように無味乾燥な食べ物ではない。「みことば」を唱え、その恵みをかみしめること自体が、日々の糧となり、力を養ってくれる。

第一章で子どもたちの素読について述べた際に、音読そのものからくる快感についても触れた。だが、ことばの深い意味が次第にわかってきて、蜜の味のように口いっぱいにひろがっていく喜びは、ひとしおである。ルターは、これと似た詩篇第三十四篇八節の、

主のすばらしさを味わい、これを見つめよ。

という詩句について、なぜ「味わう」こと（つまり感性）のほうが、「見る」こと（つまり認識）より先にくるのか説明している。

なぜなら、感性（Affekt）は知性（Intellekt）よりも人を教育する力がまさるか

らである。

ところで、この詩篇が「いろは歌」の形式をとっているのは偶然ではない。アーレフ・ベートは文字通り信仰の学びの基本であり、「いろは」なのである。ラビたちは、アーレフ・ベートのうちにさまざまの象徴を読みとってきた。いちばん最初がアーレフで、いちばん最後がタウであるが、真ん中へんのメムを間に挿入すると、アーレフ・メム・タウ三文字の組み合わせ（AMT）で、「エメト」（真実）と読める。これはアーメン（まことに）ということばと関係がある。

みことばのすべてはまこと《エメト》です。（百六十節）

この「すべて」（ローシュ）ということばは、本来「頭」の意味で、「はじめ」、「基礎」、「原則」、「頂点」、などと訳すこともできる。

アーレフ・ベートの旅路を、根底において神の真実《まこと》がつらぬいている。

サンデー・スクール訪問記

現在のユダヤ人の子どもたちは、どのようにして聖書を学んでいるのか。ユダヤ人といっても、イスラエル生まれでヘブライ語を日常に話しているばあいと、ほかの国籍に属しつつシナゴーグにかよっているばあいとでは、かなりやり方がちがうことであろう。残念ながら、わたし自身はまだイスラエルに行ったことがないが、東京のシナゴーグで開かれているサンデー・スクールに、参加させてもらったときの経験を述べてみよう。

サンデー・スクールは毎週日曜日、朝の九時半から二時まで、お昼休みをはさんで、みっちり四時間行われる。大人にとってもかなりハードなスケジュールだから、ときどき居眠りをしそうになる子や、じっとしていられなくて席を立ったり、隣の子とけんかしたり、ふざけたり、その度に、決まって先生の注意を受ける子が何人かいた。

"This is a very serious business !"（これは、とってもまじめなことなんですよ）ということばが、わたしの耳にこびりついている。そう言われると、ふざけていた子どもたちも、一瞬、厳粛な顔付をする。

ほとんどはイスラエル以外の国籍で、家庭では英語を話し、アメリカン・スクールなどに通っている子が多いとのこと。ヘブライ語を話す子はいくらもいない。

子どもたちは、英語の聖書、ヘブライ語、イスラエルの歴史、ユダヤ教のしきたり、の四科目を、年齢に応じて四つのクラスに分かれて学んでいた。わたしが出たのは、主としてヘブライ語のクラスだが、ほかの科目も少しずつのぞかせてもらった。各クラスとも、七、八名から十数名で、騒がしいクラスには補助の先生がついている。男の子たちはみんな、白や黒のキパーをかぶっているので、ちょうどドングリの帽子のように見えた。セム系、ヨーロッパ系、アジア系の顔立ちがいろいろ入りまじっている。

小学校低学年のクラスでは、まだヘブライ語のアーレフ・ベートの途中だった。あいだに仮庵《かりいお》の祭りなどユダヤ教の行事がつづいて、三週間抜けているため、ひととおり読み方を思い出すだけで一苦労。英語のアルファベットの原型だから、形も似ており、さぞかし簡単だろうと思うと、そうでもないらしい。

少し上のクラスでは、単語をシラブルに分けて発音する練習をしていた。聖書に出てくる単語や名前が中心だが、母音記号などが付いているので、かなり面倒だ。ヘブライ語は右から左に読むのに、あわてて左から右に読んでしまう子もいる。先生は発音の規則をいちいち黒板に書き、生徒たちにも書きとらせる。

さらに上のクラスに行って、ようやく、ヘブライ語の文章を学んでいる姿に接することができた。先生はまず、「バールフー」と呼ばれる祈りのことばをプリントにして皆に配った。右側にヘブライ語、左側に英語の訳がタイプで打ってある。

ハッザーン

「バールフー、エト・アドーナーイ　ハメヴォーラーフ」

(ほめ讃えよ、主を、祝福のみなもとなる方を)

会衆一同

「バールーフ　アドーナーイ　ハメヴォーラーフ　レオーラーム　ヴァーエード」

(ほむべきかな、主は、祝福のみなもとなる方は、とこしえに)

何人かに読ませ、みんなで何度か読んだあと、先生は黒板に英語で、「バールフー」についての説明を箇条書きにして、みんなに書きとらせながら説明した。

この「バールフー」は、礼拝の主要部分をはじめるときの祈りで、会衆一同は起立しなければならない。お辞儀しながらハッザーンが唱える呼びかけに答えて、会衆一同もお辞儀しながら祈りを唱える。ところで、このハッザーンとはどういう意味でしょうか、と先生はここでみんなに質問した。読誦者（Reader）とか、先導者（Leader）という答えがあったが、最後に出た先唱者（Cantor）がいちばん適切な表現ではないかと思うとのこと。では、わたしたちも実際のとおりにやってみましょう、ということで、ハッザーンになりたい人に手を挙げさせた。尻込みする者は一人もおらず、みんな我先にハッザーンの役をやりたがる。

　指名された子は、前に出て黒板に向かって立ち、お辞儀しながら、「バールフー」を唱える。わたしたちも起立して、お辞儀しながら「バールーフ」を唱えた。男の子と女の子を二人ずつやらせておしまい。

　つぎは、シェマーの前にくる「マアリーヴ　アラーヴィーム」という夕拝の祈りのプリントを配った。これは、森羅万象の造り主、星や季節の運行をつかさどる神への讃歌である。長いので、途中でおしまいになり、実地練習はなかった。

　三時間目が終わると、子どもたちは食堂に集まって、いっしょに食事し、頃合を見はからって大きな画面のテレビでディズニーのアニメを見せてもらっていた。しばらく息抜きをしたうえで、午後からさらに一時間ある。

ヘブライ語以外の時間にもいくつか出席してみて、子どもたちが自分たちの民族の歴史や物語やしきたりを大切にし、粘り強く学んでいく姿に打たれた。神が唯一であること、水から出た魚のように、ユダヤ人は神の律法を離れたら生きていけないこと、安息日を守ることが不可欠であることを、くりかえしくりかえし学んでいく。先生の質問に対して、子どもたちの反応は非常に活発であり、みんな堂々と自分なりの意見を言う。偶像とは何かという議論に、鎌倉の大仏やさまざまの怪獣まで飛び出してきた。

小学校高学年のクラスでは、ルツとボアズの物語（ルツ記）の脚本を用いて、何人かに役を割りふり、読み合わせの練習をしていた。来週いよいよ配役を決定するので、希望の役があったら紙きれに書いて、帰るまえに先生に渡してください、という声に応じて、みんな走り書きを渡して帰っていったが、女の子は申し合わせたようにみんなルツ、男の子はみんなボアズと書いていたようだ。先生はきっと、後で頭をかかえていたにちがいない。

漢文とヘブライ語

古代エジプトの象形文字は本来、漢字のような「表意文字」であったが、やがて最初や途中の子音だけをあらわす「表音文字」としても用いられるようになった。これは日本における片仮名や平仮名の工夫と似ている。ヘブライ語の文字はそれらの文字を借用したもので、フェニキア文字を介して、ギリシア文字やラテン文字のアルファベットにも受けつがれていく。たとえばギリシア語のアルファ（Α α）という名前は、ギリシア語においてなんの意味も持たないが、ヘブライ語のアーレフ（א）に由来し、ヘブライ語では「牛」を意味する。たしかに牛のような形をしている。しかし、大もとの象形文字とはまったく別な呼び名になっており、ヘブライ語ではこの文字だけで牛を意味することもない。この文字ではじまる名前を、文字の形の連想からつけたにすぎないのである。おなじくギリシア語のベータ（Β β）は、ヘブライ語のベート（ב）で「家」の意味。

それから、すでに触れたように、本来ヘブライ語は子音しか表記せず、のちに工夫された母音記号は、振り仮名のように補助的な役割しか果たさない。かなり整合性のとれた、複雑な西欧の言語とくらべると、文法の点でも、ごく単純な機能からなりたっている。
　こうした原始的ともいうべきヘブライ語の性格について、たとえば、かつて神学校で学んだことのあるヘルマン・ヘッセ（一八七七―一九六二）はつぎのように書いている。

　まず何よりも、ヘブライ語がたいへんだった。エホバのふしぎな太古のことば――ぽきぽき折れそうな、枯れかけた、そのくせまだ神秘的な活力のある木は、異様に、ふしくれだって、なぞのように、若者たちの目の前で、伸びて行った――奇怪な枝を出して、目を見はらせたり、妙な色とにおいの花で、不意におどろかしたりしながら。その枝やうろや、根のなかには、ものすごい、またはやさしい様子をして、千年の精霊が住んでいた――幻想的におそろしい竜だの、すなおな、かわいらしい童話だの、美しい少年やしとやかな目をした少女、またはいさましい女とならんで、ふかいしわでいかめしい、枯れきった老人の顔だのである。ルターの聖書のなかで、遠くに夢のようにひびいていたものが、こんどは粗野な、まじりけのない言語で、血と声と、昔ふうに重苦しいが、ねばりづよい、ぶきみな生命とを得ていた。

（『車輪の下』実吉捷郎訳）

これにくらべると、漢文というのは、文化的な洗練の度合いがはるかに進んでいるにちがいないが、象形文字のもつ原始性をそのまま宿しているという点で、一脈通ずるところがあるのではなかろうか。両方を知っている西欧人がいたら、どのような印象を抱いているのか、一度聞いてみたいと思っている。漢文をわたしたちは読み下すことによって読んでいく。ヘブライ語は、母音を満たすことによって読んでいく。音読する時点において、はじめてことばが意味をなすような仕組みになっていたことが、かえって音読の習慣を長いあいだ持続させる原動力になっていたのかもしれない。漢文もヘブライ語も簡潔を好む。時には、無愛想なくらいに。

かつて旧約学の関根正雄先生に、別のことでお話をうかがったことがある。その時、自分はいま、箴言《しんげん》や伝道者の書を訳すのに、漢文の文体を学ぶ必要があると感じている、とおっしゃっていた。明治の文語訳聖書は、さまざまの意味で記念碑的な訳業だが、訳し方のうえで、原文のヘブライ語とはかなり違う情感を付け加えすぎたのではないか、と。たとえば、詩篇第三十篇五節を、文語訳に大きな影響を与えたといわれる欽定英訳聖書の訳文とならべてみよう。

その怒りはたゞ暫時《しばし》にて、
その恵はいのちと共にながし、
夜《よ》はよもすがら泣き悲しむとも、
朝《あした》には歓《よろこ》びうたはん。

For his anger *endureth* but a moment;
in his favour *is* life:
weeping may endure for a night,
but joy *cometh* in the morning.

これをヘブライ語の語順どおりに直訳してみる。

なぜなら、一瞬は　彼（＝神）の怒りのうちに、いのちは　彼の恵みのうちに。
晩には　宿らん　嘆きが、朝には　歓呼。

まことに、ぶっきらぼうで、そっけないが、情緒纏綿《てんめん》という感じが払拭されて、砂漠を背景にしたヘブライ的なリアリズムが浮き彫りになる。冒頭の「なぜなら」という接続詞をふくめて、ぜんぶで十語、半音節も入れて二十四音節にしかならない。ヘブライ語では、前置詞や所有代名詞も名詞に付属しているので、比較は無理だが、参考までに見てみると、この英訳では、二十四語、三十一音節である。確かに、こうした簡潔さは、漢文の方が合っているのではないかという気がする。膠着語で思考しているわたしたち日本人にとって、この非情なまでに乾ききった言語がもたらす切断作用と浄化作用は大きい。

実際にどのように訳されているのか、漢訳の『旧約全書』（香港、一八六五年）、および現代中国語訳の『聖経』（香港、一九七三年）を見てみよう（訓読は試訳）。

（『旧約全書』）

其怒不過俄頃、
彼加予恩、藉以得生、
雖夤夜而哭泣、
朝来則有歓声兮。

（文語試訳）

その怒《いか》りは俄頃《がけい》（＝瞬時）に過《す》ぎず、
彼の加予《かよ》の恩《おん》は、藉《か》りて以《もっ》て生《い》くるを得《う》。
夤夜《いんや》（＝深夜）、哭泣《こっきゅう》すと雖《いえど》も、
朝来《あさきた》れば、則《すなわ》ち歓声《かんせい》有《あ》らん。

(『聖教』)

因為他的怒気不過是転眼之間、他的恩典乃是一生之久、一宿雖然有哭泣、早晨便必歓呼。

漢訳は二十七文字(=音節)、現代中国語訳は三十六文字である。日本の文語訳も、この漢訳を下敷きにしたのであるが、それによって、いくぶん簡潔な表現になっていることがうかがわれる。

◇【第五章】補足

断片的記憶と総合的記憶

仏教や、ユダヤ教、イスラム教徒などにおける教典の読経は、意味がわかってもわからなくても、ひたすら唱えるという点で漢文の素読とも共通している。世の中ではしかし、最近の音読ブームにたいして警戒すべきだという意見が出はじめている。戦前・戦中に教育勅語を唱えさせられた忌わしい記憶につながり、復古教育や、軍国主義のきな臭さを感じるというのである。また他方では、幼児の素読が早期教育や受験教育の弊害をもたらしかねないという警告も発せられている。

素読はともすれば「知育」と勘違いされがちだが、実際には「感性の訓練」といっていいのではなかろうか。冒頭でも述べたように、幼い子どもたちは、すぐに意味がわかる内容より、わからなくても音のひびきがおもしろいものに惹かれる。ありていに言えば、内容など二の次、歌やダンスとおなじく音のひびきとたわむれているにすぎない。知識の体験ではなく、リズムの体験、聴覚の体験、漢字を見る体験、声をだして唱えるという体の動きの体験――つまり、総合的感覚の体験なのである。この時点において、為政者のひそかなねらいどおり、イデオロギー的な方向性を「刷りこむ」ことが可能かどうか、まずは素読の現場を、ご自分の耳と目でじっくり確かめていただきたい。

ところで、いわゆる「受験勉強的（＝断片的）な」記憶と、わたしたちが考える「総合的な」記憶とは、いったいどこがどうちがうのだろう。

まず二つの図をくらべていただきたい。

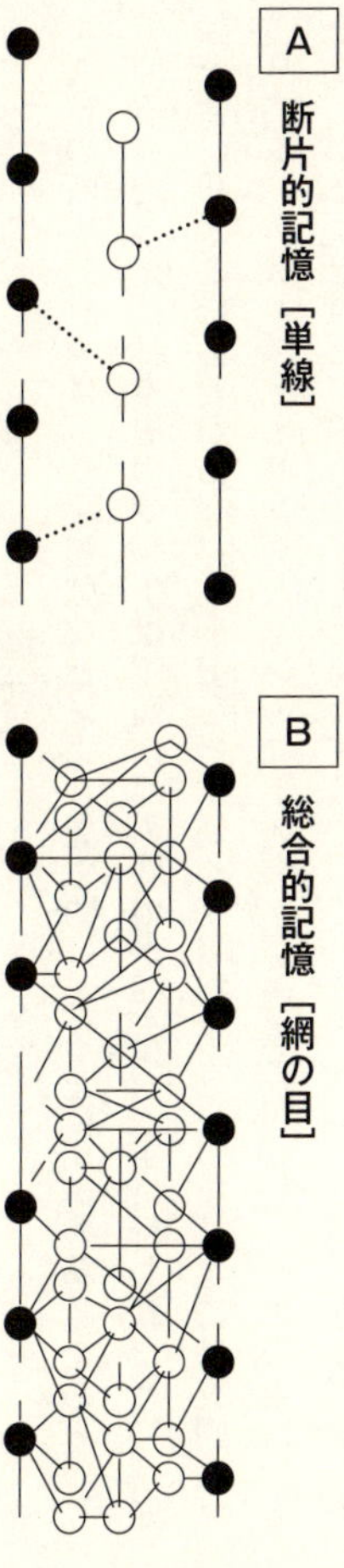

（A）の断片的記憶は、受験勉強などにより能率的にまなんだ知識の特徴をあらわしている。たとえば日本史の受験生は、関が原の戦いが一六〇〇年に行われたという知識を頭に叩きこむ必要があり、カードなどを使って暗記する。おなじ年には英国人ウィリアム・アダムズとオランダ人ヤン・ヨーステンが豊後に漂着し、徳川家康に仕えることになったのだが、それはまた別な知識としておぼえるしかない。さまざまの知識が断片のまま、連想の太い糸で有機的につながっておらず、紐を通してない数珠玉のように、すぐにばらばらになってしまう。工事中の道路が一箇所あると、先へすすめない車のようだ。

それにたいして、（B）の総合的記憶では、さまざまの要素が「芋づる式」に密にからみあっているので、一箇所が切れても、ほかの回路を通って目的地にたどりつくことができる。漁網とおなじで、網が大きく丈夫で、網の目が密なほど獲物をとりにがさない。

たとえば講談本を読みふけった経験がある人は、関が原の戦いのころ、宮本武蔵がまだ若年だったことを何となくおぼえているかもしれない。実際に調べてみると、武蔵は一五八四年生まれで、関が原当時、一六歳。巌流島の決闘は一六一二年、武蔵が二九歳のときで、一六四五年に亡くなっている。木下藤吉郎（一五三六—九八）や、真田十勇士で知られる真田幸村（一五六七—一六一五）なども講談に登場する。幼いころチャンバラや、忍者ごっこ、魚とり、虫とりに明け暮れ、講談などをむさぼり読んだ体験のなかから、無意識的な雑知識が蓄えられている。そうしたものを総動員すれば、一六〇〇年という単なる数字も、生きた数字に変身する。海面から突きでている意識的な記憶は、氷山の一角にすぎず、海面下に隠れている膨大な「無意識的記憶」によって支えられているからである。

　脳の神経回路が発達し、網の目が細かくなるためには、まず第一に、自然体験、社会体験、読書体験など、できるだけ複雑な体験をすることが必要だという。テレビやゲーム機などは、見かけほど複雑な体験をもたらさず、むしろ前頭前野の活性化をさまたげるという報告もある。複雑な体験を重ねることによって、ちょうど（B）の図のように、脳内の配線も密になり、「勘」がはたらくようになる。第二に、脳のシナプスとシナプスをつなぐ化学物質の反応速度は、おなじ回路をなんども使うことによってだんだん速くなっていく。

受験勉強は反復という点では素読とやや似ているが、感性的な体験ではなく、省エネのため過飽和の状態までくりかえすことをしない。氷山の一角だけの、意識的かつ表面的な体験であるため、連想の配線が単純で、細く、切れやすい。

それにたいし、素読という一見単純な動作をくりかえすことによって、丸ごとの文章という複雑な（＝総合的な）体験が、海面下の無意識記憶のうちに蓄えられていく。ルターのことばのとおり、感性のほうが知性より物事を深くとらえているからである（二一九～二二〇頁参照）。後年、その宝庫の中からアリ・ババのように、さまざまな宝を、さまざまなかたちで取り出すことができる。

何千年もかかって、血と汗のなかから旧約聖書を結晶させ、日々刻々の呼吸のごとく音読をくりかえしてきたユダヤ人は、科挙試験のばあいのように受験勉強的な知識を得ることに汲々としていたのだろうか。それとも、宗教的イデオロギーに洗脳された人生を歩む人が多かったのだろうか。たとえばラビのサムエル・フーゴー・ベルクマン（一八八三—一九七五）は、小説家のカフカ（一八八三—一九二四）と小学校から同級生であったが、ユダヤ教の信仰を終生もちつづけ、後にはヘブライ大学の学長にもなった人である。『イサクの犠牲と現代人』と題する文の中でつぎのように述べている。

> 聖書と自分自身の道徳感覚とのあいだに葛藤があるばあいには、いつでもわたしは自分の知性や感情を犠牲にしないで、聖書を犠牲にするのが原則である。われわれが非道徳的と考えることを神が命じたと告げられれば、われわれはいつでも、神がそれを命じたとは考えられないと答えるべきである。〔傍点筆者〕

『毛沢東語録』などのばあいはどうか知らないが、思想や議論の共通のたたき台となる古典が厳存することによって、イデオロギー的な固着よりも、むしろ活発な議論や精神および感性の訓練の場が与えられる。西欧がもし、旧約聖書および新約聖書という『偉大なる索引《コード》』（The Great Code）〔カナダの文学研究者ノースロップ・フライ（一九一二―九一）の著作〕に出逢わなかったら、二千年にわたる精神文化の発展は、まったく異なる道をたどっていたかもしれない。

素読は脳を活性化する感性的なプロセスであると同時に、そうした強靭かつ根底的な「索引」を自らのうちに刻んでいく知的作業でもある。

声にだして読んでみよう

〈千字文〉冒頭の二百字

天地《テンチ》玄黄《ゲンコウ》　宇宙《ウチユウ》洪荒《コウコウ》
日月《ジツゲツ》盈昃《エイシヨク》　辰宿《シンシユク》列張《レツチヨウ》
寒来《カンライ》暑往《シヨオウ》　秋収《シユウシユウ》冬蔵《トウゾウ》
閏余《ジユンヨ》成歳《セイサイ》　律呂《リツリヨ》調陽《チヨウヨウ》
雲騰《ウントウ》致雨《チウ》　露結《ロケツ》為霜《イソウ》
金生《キンセイ》麗水《レイスイ》　玉出《ギヨクシユツ》崑岡《コンコウ》
剣号《ケンゴウ》巨闕《キヨケツ》　珠称《シユシヨウ》夜光《ヤコウ》
果珍《カチン》李柰《リダイ》　菜重《サイチヨウ》芥薑《カイキヨウ》
海鹹《カイカン》河淡《カタン》　鱗潜《リンセン》羽翔《ウシヨウ》
竜師《リヨウシ》火帝《カテイ》　鳥官《チヨウカン》人皇《ジンコウ》
始制《シセイ》文字《モンジ》　乃服《ダイフク》衣裳《イシヨウ》
推位《スイイ》譲国《ジヨウコク》　有虞《ユウグ》陶唐《トウトウ》

天地《てんち》は玄黄《げんこう》、宇宙《うちゅう》は洪荒《こうこう》なり。
日月《じつげつ》は盈《み》ち昃《かたぶ》き、辰《ほし》の宿《やど》は列《なら》び張《ひろ》がる。
寒来《かんき》たり暑往《しょゆ》き、秋収《あきおさ》め冬蔵《ふゆたくお》う。
閏余《じゅんよ》、歳《とし》を成《な》し、律呂調陽《りつりょちょうよう》す。
雲騰《くものぼ》りて雨《あめ》を致《いた》し、露結《つゆむす》びて霜《しも》と為《な》る。
金《きん》は麗水《れいすい》に生《しょう》じ、玉《ぎょく》は崑岡《こんこう》に出《い》ず。
剣《けん》を巨闕《きょけつ》と号《ごう》し、珠《たま》を夜光《やこう》と称《しょう》す。
果《か》は李柰《りだい》を珍《ちん》とし、菜《さい》は芥薑《かいきょう》を重《おも》んず。
海《うみ》は鹹《しおから》く河《かわ》は淡《あわ》く、鱗《うろこ》は潜《くぐ》り羽《とり》は翔《かけ》る。
竜《たつ》の師《し》、火《ひ》の帝《みかど》、鳥《とり》の官《つかさ》、人《ひと》の皇《おう》。
始《はじ》めて文字《もじ》を制《つく》り、乃《すなわ》ち衣裳《いしょう》を服《き》る。
位《くらい》を推《お》し国《くに》を譲《ゆず》る、有虞《ゆうぐ》、陶唐《とうとう》。

弔《チヨウ》民《ミン》伐《バツ》罪《ザイ》　周《シユウ》発《ハツ》殷《イン》湯《トウ》
坐《ザ》朝《チヨウ》問《モン》道《ドウ》　垂《スイ》拱《キヨウ》平《ヘイ》章《シヨウ》
愛《アイ》育《イク》黎《レイ》首《シユ》　臣《シン》伏《プク》戎《ジユウ》羌《キヨウ》
遐《カ》邇《ジ》壱《イッ》体《タイ》　率《ソツ》賓《ヒン》帰《キ》王《オウ》
鳴《メイ》鳳《ホウ》在《ザイ》樹《ジユ》　白《ハク》駒《ク》食《シヨク》場《ジヨウ》
化《カ》被《ヒ》草《ソウ》木《ボク》　頼《ライ》及《キユウ》万《バン》方《ポウ》
蓋《ガイ》此《シ》身《シン》髪《パツ》　四《シ》大《ダイ》五《ゴ》常《ジヨウ》
恭《キヨウ》惟《イ》鞠《キク》養《ヨウ》　豈《キ》敢《カン》毀《キ》傷《シヨウ》
女《ジヨ》慕《ボ》貞《テイ》絜《ケツ》　男《ダン》効《コウ》才《サイ》良《リヨウ》
知《チ》過《カ》必《ヒッ》改《カイ》　得《トク》能《ノウ》莫《バク》忘《ボウ》
罔《モウ》談《ダン》彼《ヒ》短《タン》　靡《ビ》恃《ジ》己《キ》長《チヨウ》
信《シン》使《シ》可《カ》覆《フク》　器《キ》欲《ヨク》難《ナン》量《リヨウ》
墨《ボク》悲《ヒ》糸《シ》染《セン》　詩《シ》讃《サン》羔《コウ》羊《ヨウ》

民《たみ》を弔《あわれ》み罪《つみ》を伐《う》つ、周《しゅう》の発《はっ》、殷《いん》の湯《とう》。
朝《ちょう》に坐《ざ》して道《みち》を問《と》い、垂《た》れ拱《こまね》きて平《ひとし》く章《あきら》かにす。
黎首《れいしゅ》を愛育《あいいく》し、戎羌《じゅうきょう》を臣伏《しんぷく》す。
遐邇《かじ》壱体《いったい》となり、率賓《そつひん》王《おう》に帰《き》す。
鳴鳳《めいほう》、樹《き》に在《あ》り、白駒《はくく》場《ば》に食《は》む。
化《か》は草木《そうもく》をも被《おお》い、頼《らい》は万方《ばんぽう》に及《およ》ぶ。
蓋《けだ》し此《こ》の身髪《しんぱつ》は、四大五常《しだいごじょう》なり。
恭《うやうや》しく鞠養《きくよう》を惟《おも》い、豈《なん》ぞ敢《あ》えて毀傷《きしょう》せん。
女《おんな》は貞絜《ていけつ》を慕《した》い、男《おとこ》は才良《さいりょう》に効《なろ》う。
過《あやまち》を知《し》れば必《かなら》ず改《あらた》め、能《よき》を得《え》ば忘《わす》るる莫《な》かれ。
彼《かれ》の短《たん》を談《かた》る罔《な》かれ、己《おの》が長《ちょう》を恃《たの》む靡《な》かれ。
信《しん》は覆《ふ》む可《べ》から使《し》め、器《き》は量《はか》り難《がた》からんと欲《ほっ》す。
墨《ぼく》は糸《いと》の染《そ》まるを悲《かな》しみ、詩《し》は羔羊《こうよう》を讃《さん》す。

第六章

素読を始めるにあたって

テキストの選択

いろいろ回り道をしてきたが、とどのつまり、素読は理屈ではない。文字どおり、素人の立場で、素直に読むこと、心をむなしくして、平素のごとく、ひたすら読んでいくことである。「素」というのは、まだ色を染めてない、生地のままの白絹のことだという。

だが、わたしたちは、いったい、どのような染料で心を染めるつもりなのか。何を読んだらいいのか。もちろん、何でなければならないというきまりはない。素読の対象となるのは、漢文にかぎらず、日本の古典や現代文、外国および外国語の古典など、書かれたものはすべて、素読のテキストになりうる。絵本でも、マンガでも、週刊誌でも、かまわない。ただし、やがてそれが、あなたの魂の白絹（？）を染めることになる。

テキスト選びの段階ですでに迷わざるをえないところに、わたしたち自由恋愛の時代の幸不幸、豊かさと貧しさがある。昔は、親のきめた許婚《いいなずけ》のように、四書五経とか、聖書とか、あらかじめテキストが定まっていた。選択の楽しみもない代わりに、選択の迷いもなかった。

だから、あなたが素読を思いたったとき、すでに意中のテキストがはっきりと決まっているなら、即刻開始がいちばんだ。何よりも、この本に賭けてみようという意気ごみと、いつか相手が心をひらいて、わたしの思いを受け入れてくれるだろうかという謙虚さが、素読というこの「愚か」にも似た営みをささえている。

しかしながら、いざこれから相手をさがしてみようと考えている人もやはりいるはずだ。自ら仲人役を買ってでるほど、わたしは人生経験ゆたかな、ゆとりのある人間ではないが、語学やゼミのテキスト選びで苦労してきた経験をふまえて、いくつか選択の指針となるポイントを述べてみよう。

まず朗読から始めてみる

すでに述べたように、素読の原型は母の語りかけであり、幼児に絵本を読んでやることである。だから、もしもあなたの身のまわりに、絵本を読んでもらいたくて、毎日うずうずしている子どもがいるなら、しばらくテレビのスイッチを消して、労を惜しまず、くりかえし、くりかえし、読んでやることだ。ふだん絵本を読んでもらうことの少ない子どもだと、すぐに飽きて、そっぽを向いてしまうかもしれない。だが、けっしてあせらず、押しつけず、機会をとらえて根気よく続けていきさえすれば、必ず変化が生じてくる。

子どもだけでなく、何よりもあなた自身が、読みきかせの楽しさを知るようになるだろう。大人は、意味がわかれば、それでおしまいだ。子どもたちにとっては、しかし、ことばの響き、ことばのリズム、ことばの躍動そのものがいのちである。それが的確に子どもにつたわり、的確に子どもからはねかえってくるようになれば、しめたものだ。子どもにとっても、大人にとっても、充実した、生きた世界が築かれていく。

自分でかなり本を読めるようになった年ごろの子でも、朗読を聞く楽しみはまた格別らしい。寝しなに、わたしは、三十分から一時間ほど、子どもたちに本を読んでやることにしている。

『西遊記』、『猿飛佐助』、『宝島』、『ナルニア国物語』、『ホビットの冒険』、『はるかな国の兄弟』、『トム・ソーヤーの冒険』、『ロビンソン・クルーソー』、『聖書物語』など、それぞれ、何週間も、何カ月もかけて読み終えた。子どもたちは想像力の翼に乗って思うぞんぶん天翔《あまが》けり、主人公たちの行動に一喜一憂しながら、ほかでは味わえない深い体験を共にしていく。読み手であるわたしにまで、その鼓動が伝わってきて、わたし自身の感覚も思いがけないところでひらかれ、深められていくのを感じる。

テレビが普及してからというもの、わたしたちは、朗読によって本を楽しむ習慣を失ってしまった。ルソーの朗読についてはすでに触れたとおりだが、ほかにもその例は枚挙にいとまがない。

トルストイやドストエフスキーにしても、朗読によってまず本の楽しみをつちかわれ、彼ら自身が書いた厖大な作品も、大部分はまず家族や友人たちに聞いてもらって、充分に反応を確かめたうえで、世に送りだされていった。批評家のベリンスキーと編集長のネクラーソフが、ドストエフスキーの処女作『貧しき人々』を明け方までかかって夢中で読み通し、そのままドストエフスキーを叩き起こしに行ったという話はよく知られている。夜どおし二人は、かわるがわる原稿を朗読していったのである。

ドイツ・ロマン派の作家ティークは、ドレスデンにいたとき、毎週定例の「朗読の夕べ」を催し、大勢あつまった友人たちのまえで何時間もぶっ続けに朗読した。特にそのシェイクスピアの朗読は、実際の舞台をみる以上に迫力があったらしい。一度そこに出席したことがあるアンデルセンの朗読好きもかなり有名で、暇さえあれば相手をつかまえて自分の作品を朗読したがるので、アンデルセンの姿を見かけると、いちはやく姿をくらます人がふえていったとのこと。

音読から黙読にうつると、読書のスピードが飛躍的に増す。そのことは、たいていの人が経験しているにちがいない。エネルギーを、純粋に意味を理解する行為だけに集中するので、速度が速まるだけでなく、内容の理解も深まる（前田愛『近代読者の成立』参照）。だが、その反面、失ったものも大きい。わたしたちは、本の「意味」だけを吸血鬼ドラキュラのように吸いとり、あとは捨てて顧みない。子どもの読書において、黙読にうつる時期が早すぎると、語彙や概念は急速にふえていくかもしれないが、真の読書力や国語力の点ではかえって伸びが止まってしまうという指摘がある。

大人のばあいも、ときには、意味への執着を離れて、虚心坦懐に声をだして読んでみることが、深い意味での読書を復活するきっかけになるのではなかろうか。宗教人の勤行《ごんぎょう》の強みはここにある。「意味」は意識の表層で理解されるだけだが、何度も声をだして読むことにより、表面的な意味の背後にある潜在意識がつちかわれていき、心身に刻まれていく。情報の氾濫のなかで、たえず自分の読書の源泉を確かめなおす、質的な作業が必要である。

好みを優先させる

朗読で何冊かの本に接していると、自分がくりかえし読みたいという本が次第に明らかになってくる。わたしのばあい、子どもたちの絵本など、あるものは、これまでに何百回となく読んでやり、ぼろぼろになって幾度か買いかえたものもある。『ロビンソン・クルーソー』（原作を省略なしに訳したもの）のように、かなり長い本でも、何年かすると、また読みかえすことにしている。

読んで楽しくないものは、長続きしない。一度で底が割れてしまうような、つまらない本も、それっきり読む気がしなくなる。ひたすら好みを優先させて、次々と朗読していくだけで、すぐれた本と、そうでない本とのちがいが、自分なりに少しずつわかってくるから不思議だ。頭よりも、心のほうがだましにくい。

人の評価および「?」も大切に

けれども、本の良さが判断できるようになるまでには、試行錯誤の積み重ねが必要で、長い時間がかかる。「少しのことにも先達《せんだつ》はあらまほしき事なり」（『徒然草』）というのは、物事を自分でがむしゃらにやったことのない、悟りすました人間のことばでは決してない。経験の深まりや熟読によってしか真価がわからない深い内容の本を、自分でまず、真価を見とどけてから熟読しはじめる——そのこと自体、そもそも、大いなる矛盾をふくんでいないだろうか。

だが、わけのわからないことを言うのは止めにして、わたし自身の経験を述べてみよう。

わたしが聖書を読むようになったきっかけは、聖書が矛盾だらけの書に思えたからである。たとえば、わたしは、イエス・キリストの誕生のあと、ヘロデ王の命令で、二歳以下の男の子が皆殺しにされたことに憤《いきどお》りをおぼえた。マタイによる福音書には、「そのとき、預言者エレミヤを通して言われた事が成就した」と書かれている。それなら、神は、初めから結果を知りつつ、罪もない幼な子たちのいのちを、イエスとひきかえに犠牲に供したのではないか。

こうした疑問を、あるときわたしは、率直に恩師にぶつけてみた。杉山先生は、ちょっと間をおいてから、おっしゃった。

「それは、とても大切なことに気づいたと思います。その疑問を大事にして、君自身が、聖書を誠実に、立体的に読んでいけば、いつか必ず答えが与えられるでしょう。

君が聖書に疑問をぶつけているのと同じに、聖書のほうでも君に大きな問いを投げかけているのです」

もう一つ、熱心な仏教徒でもある宗教学の岩本泰波《やすなみ》先生が、興味深い話をしてくださった。これは、鈴木大拙《だいせつ》の本に出てくることだそうだが、釈迦が菩提樹の下にすわって悟りをひらいたとき、大拙自身もその後ろに立って見ていた。悟りとはいったいどんなものかと思って、上からそっと釈迦の頭のてっぺんをのぞいてみたら、大きなクエスチョンマークが描かれていたという。

クエスチョンマークは釣針の形をしている。顎《あご》にひっかかると、容易なことではずれない。もがけばもがくほど、ますます肉に食い入る。クエスチョンマークは虹のように、未知の大空にかかっている。クエスチョンマークは、人をじらす。クエスチョンマークは、人を謙虚にする。大胆にする。クエスチョンマークは、人をいざない、人を前に駆りたてる。

ああ、わたしが前へ進んでも、神はおられず、
うしろに行っても、神を認めることができない。

左に向かって行っても、わたしは神を見ず、
右に向きを変えても、わたしは会うことができない。
しかし、神は、わたしの行く道を知っておられる。

（ヨブ記第二十三章八―九節）

わたし（＝神）はあなた（＝ヨブ）に尋ねる。わたしに示せ。

（同第三十八章三節）

『ファウスト』を本格的に読みはじめるにあたって、わたしはレクラム版の裏表紙に赤マジックで大きなクエスチョンマークを印した。正直言って、わたしはこの作品にかなり疑問と反感を抱いていたのだ。本当に古典の名に値するような本かどうか、じっくり時間をかけて、自分自身の耳と目と心で確かめてやれ――といった、かなり生意気な、挑戦めいた気持ちでとりかかり、つねに抵抗感のようなものがつきまとっていた。いまでも完全にそれが払拭されたわけではないが、時間をかけたことを後悔する気はない。

蟹《かに》はおのれの甲羅に似せて穴を掘る。自分が古典に対して抱く疑問は、結局のところ、自分というものの限界を超えてはいない。己の小さな尺度で、相手を測ったつもりでいるだけだ。けれども、逆に、古典が自分に投げかけてくる大きな問いに気づくとき、人はことばの力によって引きあげられ、ことばによって変革されつつある。

長い年月を経て、人の評価が定まっている本を、わたしたちは古典と呼ぶ。だから、おれは古典なんぞ読まん、というへそ曲りも世の中にはけっこういる。しかしながら評判のみ高くて、実際に読まれることが少ないのも古典である。だからこそ、おれは古典を読んでやろうという、逆のへそ曲りがあってもいいのではなかろうか。古典は稀釈液ではない。お粥《かゆ》でもない。原液のまま、強飯《こわめし》のまま、そう簡単に口に合おうはずもなく、消化するまでにかなりの根気と時間を要する。

ドン・ファンかファウストか

素読のテキストを一つに絞るのでなく、いろいろなテキストを次々と音読していく方法もある。キルケゴールは『あれかこれか』において、ドン・ファンとファウストの比較を試みている。ドン・ファンは数知れぬ女性遍歴において愛を求め、ファウストは一人の女性グレートヒェンにおいて愛を極めようとする、と。どちらも、無限を追求する情熱のゆえに破滅せざるをえないのであるが、量は質に、質は量にかわりうる可能性を秘めている。

わたしたちの学生で、ドイツ語の本を、毎日、何時間も音読して、急速にドイツ語の力をつけた者がいる。若さのエネルギーに任せ、オートバイで山野を走りまわるような感じで、やみくもに新しい本を読破していくうちに、知らず知らず単語力や勘が身につき、黙読においても相当のスピードが出てきた。頭で読むまえに、まず体で読んでいくというのが、素読の骨子であってみれば、このやり方もわたしたちは考慮に入れておく必要がある。けれども、かなりの時間と体力を要する作業であることを覚悟しなければならない。

これと正反対なのが、的を極力しぼって、徹底的にくりかえすやり方である。新潟で幼稚園の園長さんをしている方にうかがったら、一カ月に一つ、聖書から選んだごく短い文を、園児たちに毎日となえさせているとのこと。一年にわずか十ぐらい、しかも毎年同じ聖句だから、三年いれば三度くりかえすことになる。そんなふうにして、血肉の一部と化した聖句が、人生の節目ごとに、どれほど励ましになったかしれませんといって、成人した昔の園児たちから感謝されることがよくあります、とおっしゃっていた。「寸鉄、人を殺す」というが、「寸鉄、磁針となり」、人を導くことも可能である。

わたしのギリシア語の授業でも、できるだけ頻繁に素読を行う一方、毎時間、学生たちといっしょに短文の暗誦をしてからはじめることにしている。一年間にたいした数ではないが、何度もくりかえすので、記憶をつなぎとめる杭のような役割を果たしてくれる。わたし自身は暗記が大の苦手なので、小さなカードに書いて、一日にかならず何度か訪れるはずの場所に下げておく。

循環方式

かつてわたしは、老人会の謡曲グループに加えてもらって、二年間ほど、毎週一回の稽古に通っていたことがある。師匠が唱えた節《ふし》をわたしたちが一斉に復唱していくやり方など、素読とよく似ているが、一、二カ月で一曲仕上げて、さっさと別な本に移ってしまう。ようやく覚えかけた矢先なのに、はなはだ残念であった。

けれども、何カ月かすると、ふたたび同じ本にもどってくる。何度かその循環をくりかえしていくうちに、このやり方の良さがわかってきた。節の動きが複雑な、程度の高い曲のときなど、わたしたち初心者は、まるで喉をしめられた鶏のように、必死の声をふりしぼっている。が、そのあとまた、前にやったことのあるやさしい曲にもどると、自然にゆとりが生まれ、螺旋《らせん》をえがきながら、少しずつ少しずつ上達していくのが感じられる。

もしも長いあいだ同じ曲ばかり続けていれば、きっと、だれてくるにちがいない。新鮮さと反復とは、折り合いが悪いのが普通だが、この循環方式だと双方がうまく釣りあう。

漢文の素読のばあいにも、わたし自身は、この循環方式をとっている。たとえば、同じ漢詩を何週間かくりかえしつつ、毎回、新しいのも加えていかないと、子どもたちはてきめんに飽きてくる。新しいのを待ちどおしがる気持ちと、すでによく知っている漢詩がひさしぶりに出てきたときの歓声とは、少しも矛盾しないのである。

外国語か和文か漢文か

素読の方法の大切さは納得しても、いざ漢文をはじめるとなると、かなりの抵抗があるかもしれない。外国語のほうが、まだしもだと考えている方が多いのではなかろうか。

國弘《くにひろ》正雄氏が、音読や筆写の大切さを説き、道元禅師の只管打坐《しかんたざ》にならって「只管朗読」および「只管筆写」と呼んでおられることは、よく知られている(『國弘流英語の話しかた』)。中学二、三年程度の簡単なリーダーを選び、毎日ひたすら朗読と筆写をくりかえすことにより、英語が肉体に「内在化」され、無意識の実力がついていくことを、自他の経験に照らして述べておられ、わたしもその部分をコピーして、何度か学生に配ったりしたものだ。

ところで、その方法を文字通り忠実に実行して、めざましい効果をあげた学生も何人かいるが、たいていは、長続きしない。根気の不足ということももちろんあるだろう。ドイツ語だと、日本語と結びつく共通部分が極端に少ないので、外来の植物のように、根をおろすのに時間がかかるのかもしれない。けれども、最大の理由は、小さいときから反復朗読の習慣がつちかわれておらず、朗読や暗誦の楽しさを味わったことがない学生が大部分なので、すぐに嫌気がさしてしまうのである。

中村正直のところで、「下地」ということを述べた。國弘正雄氏のばあいも、小さいころから漢文の素読を叩きこまれ、『神皇正統記《じんのうしょうとうき》』や『古事記』を暗《そら》んじていたことを記しておられる。外国語の素読を受容する装置が、すでにできあがっていただけに、効果が著しかったのではなかろうか。

なんらかの意味で、すでにこの「下地」のようなものをもっている人は、ただちに外国語の素読に取りかかることができる。だが、ここでいったん退いて、漢文や和文の素読も同時に試みつつ、外国語の素読をつづけていくならば、今までとは一味ちがった、さらに深い力が養われていくのを感じるはずだ。

おおげさに構える必要はない。中学高校でつかった、古文や漢文の教科書がまだ残っているなら、ひっぱりだして、ときどき朗読するぐらいのことから始めればいいのである。

対訳およびインターリニアのテキストの利用

漢文は、いくらわからないといっても、やはり何となくわかるところがあるはずだ。いくぶんわかっておりながら、良くはわからない——この絶妙のバランスが、記憶と反復を新鮮に保つ働きをする。平明すぎる内容は、むしろ精神の活動を沈滞させ、人を怠惰にする。

だが、外国語の素読をする場合、意味がわからないテキストをひたすら朗読していくのは、骨が折れるし、だいいち長続きしない。すでにひととおり学んできた外国語なら、自分が背伸びをしないで読める程度の、やさしいテキストを選ぶほうがいい。

学生時代、わたしは、留学生試験を受ける前の半年近く、リンガフォンのドイツ語コースと『トニオ・クレーガー』を片っ端から暗記していったことがある（もちろん、ぜんぶではない）。合気道の合宿の最中すら一日も欠かさず、数行ずつ覚えていって、前の分も毎日おさらいするのだが、覚える量がふえるにしたがって、前のほうをどんどん忘れていく。特にトーマス・マンの凝った文体は、おおよそ会話向きではなかった。穴のあいた桶に水を汲むような悪戦苦闘の末、かろうじてスプーン一杯分ぐらい残ったかもしれないが、いまではそれも完全に忘れてしまった。

無理に暗記を維持しようとするより、まずは素読をかさねていくことのほうが、結果的には深い力を生む。意識的な努力によって覚えていたことは、やはり意識的な努力をしないと思い出せないから、とっさのばあいに役立たないのである。合気道の稽古では、形の練習を何百遍もくりかえすが、「覚えて、忘れろ」ということをよく言う。たとえば相手が短刀で突いてきたとする。右足と右手を前に出して、左足をコンパスのように開き、右手で相手の利き腕をつかんで、どうのこうの……いちいちこうした動作を意識していたら、たちまち刺されてしまう。無意識的な体《たい》さばきになるまで反復練習し、頭で忘れて、体に覚えさせていくしかない。

千日の稽古を鍛《たん》とし、万日の稽古を練《れん》とす。

（宮本武蔵『五輪書』水之巻）

自分の記憶力、自分の頭というものを、信用しないことだ。記憶力の貧しき者は幸いなるかな、である。

初歩の外国語や古典語のばあいは、対訳版の利用が便利であろう。ヨーロッパでは対訳版が発達し、バラエティーに富んでいる。ギリシア・ラテンに関してはロウブ（Loeb）の古典語対訳シリーズが有名だが、そのほか、ダンテ、シェイクスピア、ゲーテなど、いろいろな国の対訳があり、詩の対訳もかなり多い。日本では、対訳というと、学生の虎の巻の一種と見なされがちである。しかし、むしろ訳文のほうを中心に読み進めながら、必要なばあいに原文を参照するという読み方も非常に役にたつ。対訳版をできるだけ揃えておくと、正確な意味を知りたいとき思いがけない手がかりを与えてくれるし、長いあいだには、その積み重ねによって、その外国語を攻め落とす布石ができる。

対訳の種類がいちばん豊富なのは、なんといっても聖書であろう。ギリシア語とラテン語、ギリシア語と英語、ギリシア語とドイツ語、ヘブライ語と英語、等々、しっかりした対訳版が、他の書籍とくらべると驚くほど安い値段で手に入る。対訳よりもさらに徹底しているのは、一つ一つの単語の訳を行間に挟みこんだ、いわゆるインターリニア（interlinear）のテキストである。訳語の意味のつながりを示すために番号がふってあるばあいもあり、この数字は、漢文の返り点と同じ役目を果たしている。

ジョン・ロック（一六三二―一七〇四）は『教育に関する考察』（第二十章）において、国語および外国語の習得法についても具体的に述べている。子どもがものを言えるようになったら、自国語でイソップ物語や聖書のなかの興味深い物語などをくりかえし読ませることが、まず土台になる。外国語としては、実際にフランス語で話しかけて自然に身につけさせるようにし、ラテン語も同じ方法によるのがいちばんだ。しかし、それには何といっても適切な教師が必要なので、次善の策として挙げているのが、まさに手作りのインターリニア版のやり方である。

それは、例えばイソップ物語のような易しくて楽しい本を採り上げ、その英語訳（できるだけ逐語的に訳された）を一行に書き、英語一語ずつに対応するラテン語を、その行のつぎの行に書くやり方です。子どもがラテン語を完全に理解するまで、子どもに毎日繰り返してこれらのものを読ませ、それからつぎの物語に移って、子どもがそれを完全に覚えるまで続けなさい、そのばあい、子どもがすでに完全に覚えているものを省かず、それを記憶の中に留めておくようにときどき復習するのです。そして字が書けるようになると、これらのものを自分で筆写させなさい。

（服部知文訳）

もう一つ、ロックが勧めているのは、母親が一日に二、三時間、子どもといっしょにすごし、子どもにラテン語の福音書を読ませるやり方である。そのばあい、母親がラテン語を理解していなくても一向にさしつかえない。誰かがアクセントの印だけ付けておいてくれれば十分で、ともかく声をだして読ませていくことが肝腎だ。この方法で実際に成功した例をわたしは知っている、とロックは述べている。

『赤と黒』の主人公ジュリアン・ソレルが、レナール家の家庭教師として初訪問したとき、ラテン語の新約聖書を一字一句暗記していることで、みんなに深い感銘を与える場面がある。もっとも、それは、作者のスタンダールも、「しばしば愚鈍と結びついている、ある驚くべき記憶力」と評しているように、貧しくて野心家のソレルが、司祭にとりいって出世の糸口をつかむための方便にすぎず、彼自身の心はまるでそこになかったのだが。

ジョン・ラスキン(一八一九―一九〇〇)のばあいは、母親が英語の聖書を毎日一章ずつ朗読させていったので、何年かくりかえすうちに、全体がそっくり頭に入ってしまったという。聖書はラスキンの著作全体を支える要石《かなめいし》となっている。

大きな字と書見台

素読のテキストは、できるだけ大きな文字のほうが読みやすいし、記憶に鮮明に残る。では、具体的にどのくらいの大きさがよいのか。もちろん、これといった標準があるわけではないが、漢文素読に用いられた昔の版木刷《はんぎ》りの本が一応の目安になる。しかしながら、実際問題として、このような版木本はかなり値が張る。二六四頁に示した見本は、大学図書館の奥で塵をかぶっていたのを捜し出してきたものである。

毛筆が得意で、時間と根気のある人は、罫線入りの半紙に自分で書き写してみるのも一興かもしれない。かつてわたし自身も、半紙で和綴じの本をこしらえ、持ち慣れない筆を握って一字一句『論語』を書き写していったことがある。金釘流の書体に我ながら嫌気がさして、「学而第一」も終わらないうちに断念してしまったのが残念であるが。

版木本をそのままコピーしようというばあい、虫食いで不鮮明だったり、訓点や句読点・ふり仮名・送り仮名などが異なり、かえって素読のテキストとしては用いにくいことがある。そうしたばあいは、一度コピーしたものを、白い修正液と墨で修正し、それをもう一度コピーすれば、かなり読みやすいものになる。

だが、わたし自身は、返り点も仮名もふってないテキスト（白文）のほうが好きなので、このやり方だと非常に手間がかかる。縮小・拡大が自由になった最近のコピーを使って、ようやくうまい方法を見つけだした。版木本を縮刷した版が中国からたくさん出ており、中国書籍専門店などで比較的安価に手に入る。たとえば、今わたしの手元にある朱熹《しゅき》の『四書集註《しっちゅう》』の縮刷版は、B6判よりやや大き目の四六判（一二七×一八八）で、版面は二六四頁に見るとおりである。しかし、実際の印刷部分は、一〇〇×一三〇なので、B5判（一八二×二五七）に拡大するには、余白も見こんで一・四倍ぐらいの倍率が適当であろう。一度に拡大できない場合は、二度くりかえせばいい。A4判にすると、一・六五倍ぐらいになり、版木本と同じぐらいの字の大きさになる。

この方法で、外国語、とくに古典語のテキストも作製することができる。大きいホッチキスか、あるいは樹脂を溶かして背表紙を固定できる器具で、カバーをつけて製本しておくと、散逸せず使いやすい。

複数の子どもたちに素読をするときは、最初に述べたように、妻が毛筆で障子紙に大書する。模造紙だとすぐに破れてしまって、もったいない。どなたか、もう少し楽

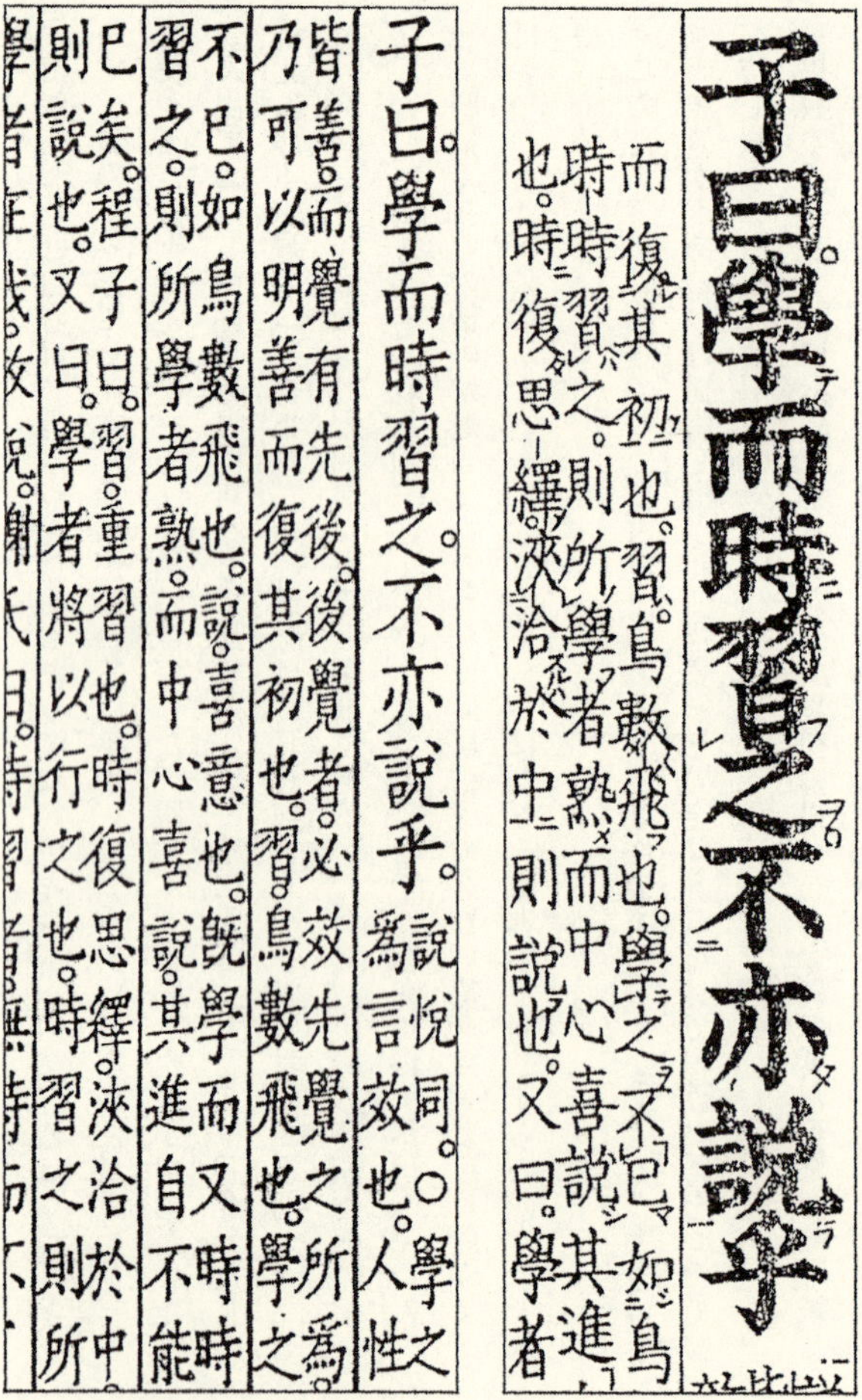
子曰。學而時習之不亦說乎
而復其初也。習鳥數飛也。學之不已如鳥
時時習之。則所學者熟而中心喜說其進
也。時復思繹浹洽於中則說也。又曰。學者

子曰。學而時習之。不亦說乎。

說悅同。○學之爲言效也。人性皆善而覺有先後。後覺者。必效先覺之所爲乃可以明善而復其初也。習鳥數飛也。學之不已。如鳥數飛也。說喜意也。既學而又時時習之。則所學者熟。而中心喜說。其進自不能已矣。程子曰。習重習也。時復思繹浹洽於中。則說也。又曰。學者將以行之也。時習之則所學者在我。故說。謝氏曰。時習者無時而不

論語「学而第一」の冒頭。後藤点を付したもの（右）と縮刷版（左）。いずれも朱熹撰『四書集註』

な方法をご存知の方がいたら、ぜひ教えていただきたいと思っている。

　立ち机については前に述べたが、わたしは家では、自分で作った「小さな書見台」を常時使用している。参考までに、図を示しておこう。しっかりしているので書き物もできるし、厚い辞書ものせられる。書斎がないので、食卓にこの台を置くと、その場所と時間が、わたしにとって書斎、つまり聖域に早がわりする。精神的な七五三《しめ》縄《なわ》のような役割も果たしているわけだ。それに、読書、書き物、朗読、いずれのばあいにも、姿勢がずっと楽になる。

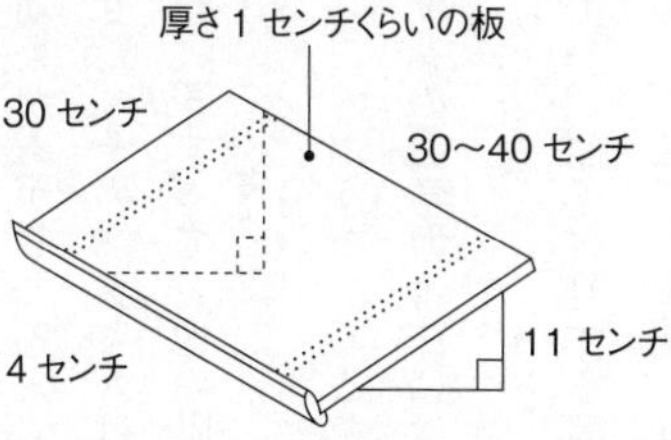

書見台

声の出し方と身振り

シュリーマンは彼の発見した外国語習得法において、毎日一時間、できるだけ多く音読することを勧めているが、彼自身、そうとう大きな声で読んだらしい。ハンブルクでは吐血するほど胸を病んでいたのに、アムステルダムに移って一年間のうちに、全快してしまったという。

ロシア語を学ぶ際には、どうしても教師が見つからなかったので、独自の工夫をしている。まず、以前フランス語で暗誦したことのあるフェヌロンの『テレマックの冒険』をロシア語訳で手にいれて丸暗記していった。自分でも短い文章をつくって実用的な練習をし、それも暗記した。それから話しかける相手がいたほうがさらに暗誦の効果があがると考えて、貧乏なユダヤ人を雇い、毎朝二時間、ロシア語の暗誦を聞かせた。そのユダヤ人はひとこともロシア語を理解しなかったのである。彼の暗誦の声が大きすぎて、他の階にまで響くので、間借人たちが家主に苦情を言い、住居を二度もかえなければならなかった。

このような変てこな天才と隣りあわせた間借人たちこそ、いい迷惑だが、シュリーマンの語学習得法には、いくつか、わたしたちの参考になる点がふくまれている。

一、語学に対する興味だけでなく、強い動機がある(商取引や地位の向上に有利)。

二、文法よりも、実地練習が中心。

三、内容をよく知っている本をテキストに選ぶ（辞書を引く手間が省ける）。
四、翻訳しないで、その言語の音と意味のなかにひたりきる。
五、音読の徹底重視。
六、大声、身振り、など、全身、全感覚をもちいる。
七、実際の場面を想定してかかる（想像力の動員）。
八、暇を盗んで暗記しつづける。
九、自分の関心あるテーマについて積極的に作文を書く。
十、一定期間に、集中、持続、反復する。

漢文の素読やシナゴーグにおける朗詠と、重なりあう部分もあるし、そうでない部分もある。各自いろいろ試してみて、それぞれ自分に合ったやり方を見つけていく以外にないが、音読の重視という点では三者とも共通している。声の出し方について、いくぶんわたし自身の経験をいえば、つねに大声ばかり出してはいられないのが実状であろう。家族からも、隣人からも顰蹙《ひんしゅく》を買い、もめごとが起こりかねない。時とばあいに応じて、たとえば、ささやくような声で朗読するのもそれなりの効果があるし、自分の声を自分の耳に聞かせる装置を工夫してもいい（ガスマスクのような形のがかつては売られていたが、今はないとのこと）。電車の中などでは、録音機に吹き込まれた文を聞きながら、低い声で復唱していくこともできる。これは同時通訳の準備としても効果のあるやり方である。漢文の素読の練習にも録音機が利用できる。

身振りについて、シュリーマン自身は何も言及していない。だが、ひとことも解さない聞き役を、わざわざお金を出してまで雇ったのは、芝居の稽古のような心づもりがあったからにちがいない。しかも、払った給料を無駄にしないためには、積極的に二時間を活かさなければならない。語学習得には身銭《みぜに》を切ること、背水の陣をしくこと、これを十一番目に付け加えておくとしよう。シュリーマンの商人としてのたくましさが、こんなところにもかいまみられる。

復唱および斉誦の効果

記憶の法則によれば、十秒ぐらいのあいだに反復されたことは、記憶に残りやすいという。たとえば、「青息吐息」、「にっちもさっちも」、といった庶民的な慣用句やことわざには、同音のくりかえしがかなり見られる。詩の脚韻や頭韻が印象的なのも、おそらくこうした法則に基づいているからにちがいない。

素読のばあい、先生が唱えた句を、ただちに生徒が復唱していくわけで、おのずと記憶の法則に合ったやり方をしていることになる。自分ひとりで素読をするときも、この復唱方式を基本にすると、いっそう効果があがる。朗読のたびごとに、いろいろ復唱の回数を変えて試してみるといい。

それから、同じ句を何度も唱えて記憶に浸透させようとするばあい、ただのっぺらぼうに全体をくりかえすよりも、まず目鼻だちとなる主要部分を何度も唱えて充分になじませてから、周辺にひろげていくほうが印象に残る。具体例をあげてみよう。

子《シ》曰《エツ》、君子《クンシ》和《ワ》而《ジ》不《フ》同《ドウ》、　子《し》曰《いわ》く、君子《くんし》は和《わ》して同《どう》ぜず、
小人《ショウジン》同《ドウ》而《ジ》不《フ》和《ワ》。　小人《しょうじん》は同《どう》じて和《わ》せず。

和而不同、和而不同……君子和而不同、君子和而不同……。同而不和、同而不和

……小人同而不和、小人同而不和……。君子和而不同、小人同而不和、君子和而不同、小人同而不和……。子曰、君子和而不同、小人同而不和、子曰、君子和而不同、小人同而不和……。

こんなふうに、焦点を強調してアクセントをつけたうえで、全体をつかんでいくやり方も、やはり記憶の法則にかなっているのである。大空の星を一つずつ覚えるのは至難のわざだが、星座に分ければ覚えやすい。ばらばらにちらばる島々は群島に分ける。これを「群化の法則」という。

ところで、素読は、個別方式と集団方式とどちらがいいのであろうか。

大勢いっしょに素読をすると、いい加減な読み方をしていてもチェックできない。昔の寺子屋などでは、斉誦《せいしょう》することも比較的多かったようだが、手習いなどやはり個別教育が基本だった。武士のばあいは、一対一か、せいぜい二人ぐらいの素読が普通で、数名いっしょだと、もうマスプロ授業のような感じを受けたらしい。

明治維新後、小学校教育を開始するにあたって、一斉授業という方式を採用せざるをえなくなった。教師たちにそのノウ・ハウを伝えるため、文部省は、欧米の実際的

な教育書を翻訳させて、次々に発行している。たとえば、

ジョハン・エ《ママ》スハート『学室要論』（明治九年六月）。

アルフレッド・ホルブルーク『和氏授業法』（明治十二年三月）。

ツェーケル『平民学校論略』（明治十三年二月）。

いま、この最初の本のなかで、斉誦について述べている内容を簡単にまとめてみよう。

一対一で暗誦させていくやり方は、それぞれの子どもに合った細やかな指導ができる。けれども、このやり方の最大の欠点は、非常に時間がかかり、教師一人のあつかえる子どもの数が限定されてしまうことである。これに対し、集団で唱えるやり方だと、個々の間違いは訂正できない。けれども児童は、じっと座っているより喧騒を好み、大声で斉誦すること自体に快感をおぼえる。自分の間違いをいちいち指摘されて肩身のせまい思いをする心配もなく、みんなといっしょに楽しく唱えているうちに、おのずから、そうした間違いも正されていく。お互いの声が作用しあって記憶も強ま

る。

わたしの経験でも、子どもたちは集団のときのほうが生き生きと反応し、声をだすことを楽しんでいる。こんな形で集まること自体、おもしろくて仕方ないらしい。どちらの方法も一長一短であるから、自分の置かれた具体的な場で、特色を生かしていけばいいのである。

かるたの利用

折り紙、紙芝居、かるた遊びなどは、先人の知恵と工夫が結晶した、実にすぐれた遊びではなかろうか。教育がそのまま遊びであり、遊びがそのまま教育であるような状態は、なかなか実現しがたい。ここでは見事にそれが成功し、これほど簡素な道具はない。

昔の人は、いろいろかるたを自分の手でつくって楽しんでいたようだ。今でも、漫画の主人公のかるたや、英語のことわざのかるたなど、種類はけっこう豊富だが、一生の宝となるような内容で、しかもおもしろいのは、やはり、いろはがるたと百人一首にとどめを刺す。

わたしたちの寺子屋も、素読と併行し、かるたをつねにたのしんできた。子どもたちは、むしろ、かるたが目当てで集まってくるのかもしれない。大学生に質問してみると、いろはがるたを知っている人があまりにも少ないので、びっくりさせられる。いくつか、ことわざで知っていても、それが「いろはがるた」であることには気づいていない。いろはがるたといっても、「江戸いろは」と「上方いろは」では、まるでちがい、四十八枚のうち、「月夜に釜をぬく」だけが共通である。いくつか挙げてみよう。

犬も歩けば棒にあたる　（江戸）
一寸さきはやみ　（上方）
論より証拠　（江戸）
論語読み論語知らず　（上方）
臭いものに蓋　（江戸）
臭いものに蠅がたかる　（上方）
負けるは勝　（江戸）

まかぬ種ははえぬ（上方）

ことわざは月並だから嫌いだという人がいる。しかし、わたし自身は、むしろ月並の底にあるものをふまえることから、その人独自の表現がはじまるのではないかと思う。「いろはがるた」の庶民的な知恵は、知識人のあおざめた意識を笑いとばすたくましいエネルギーに満ちている。頭でこねくりまわした文句ではないので、子どもにとっても非常に覚えやすいようだ。ただし、「江戸いろは」と「上方いろは」のあいだに時間を置かないと、どっちがどっちかわからなくなってしまう。

わたしたちは、最初にいろはがるたを少しずつ大きな紙に書いて、何度か素読をくりかえし、かるたをはじめてからも時々おさらいした。耳だけだと、意外に不正確に覚えていて、思わず吹きだしたくなるような傑作が生まれてくる。あるとき、子どもたちに「いろはがるた」のもじり集を考えさせたら、非常な興味を示した。

慣れてくると、最初の平仮名を言うだけで、ぜんぶ言えるようになる。百人一首のように、上だけ読んで取らせたり、逆に、下だけ言って、上を思い出させたり、いろいろバリエーションを楽しむことができる。いきなり取り札ではじめるばあいは、混同しにくいようなのを十枚ぐらいずつ選んで、少しずつふやしていけば、小さな子でもすぐに取れるようになる。

同じく、子どもたちに人気があるのが「動物俳句かるた」で、動物を主題にした句を、芭蕉から現代にいたる俳人のなかから一人一句ずつ選んである。印象のはっきりした、わかりやすい句が多いので、二、三歳の子どもでもやりたがる。

芭蕉の生まれ故郷である伊賀の里をおとずれたとき、「俳聖かるた」を買った。芭蕉、去来、蕪村の代表句が網羅されており、前のものよりいくぶん程度が高い。

珍しいものとしては、漢詩のなかから有名な対句《ついく》を五十選んだ、「対句漢詩かるた」というのが発売されている。百人一首のように、読み札には両方の句が書いてあるが、取り札には後の句しか書いてない。対句の全体を知らないと、前の句を読んだ時点では、何も取れないわけである。取り札は読み下し文だけになっているが、わたしたちは裏に墨で原文を書き、音読みでも訓読でもゲームができるようにした。たとえば、読み手が、

「水を渡り　又《また》　水を渡る」、または、「トスイ　ユウ　トスイ」

と、読みあげると、はやい子はもう、

「花を看《み》　還《ま》た　花を看《み》る」、あるいは、「カンカ　カン　カンカ」

と言いながら、その札を取る。

漢詩再現あそび

わたしたちが工夫したものとしては、漢詩再現あそびがある。いつも素読にもちいるのよりは小さめの紙に縦横の罫《けい》線をひき、毛筆で漢詩を書く。何度も素読をくりかえして、知らない間に覚えてしまった漢詩がいい。それを何枚もコピーしておいて、カッターで一字ずつ切りはなし、一組ごとに封筒に入れる。この封筒と、罫線だけ引いてある紙と、糊——この三つを準備しておけば準備完了だが、文字が一つ足りないだけで、子どもたちはうろたえてしまうから、念には念をいれて点検し、余分を少し作っておく。

競争させるつもりは毛頭ない。子どもたちは、封筒をあけて夢中で文字を調べているうちに、それが何の詩なのか、たちまち理解して、さっそく文字を紙に貼りはじめる。間違って貼ったり、多少自信のない子もいるかもしれない。頃合をみはからって、いつも素読にもちいてきた大きな紙を前に貼りだす。それを見て確かめながら、子どもたちは漢詩をもとどおりに再現する。

小さな漢詩でも、けっこう時間がかかるが、できあがると大喜びで家にもって帰って、壁に貼っておく。

◇【第六章】補足

音訓式テキストのつくり方

まず、漢詩なり、漢文なり、原文と読み下し文を併記した本が出ているので、自分が読みたいテキストを選定する。比較的入手しやすいものを、巻末に挙げておく。

さて、それらをもとに「音読み」のテキストをつくるとしよう。日本では漢字の読み方がいろいろあるので、漢和辞典を調べた上で、どれを選ぶか、ある程度ルールを決めておかなければならない。

1、仏典は呉音がふつうだが、そのほかの漢文のばあいは「漢音」を選ぶのが原則。たとえば、「一期」は呉音だと「イチゴ」、漢音では「イッキ」。

2、日本において漢音が一般的に用いられていない漢字は、「呉音」や「唐音」を選ぶばあいもある。たとえば「二」の呉音は「ニ」、漢音は「ジ」。「体」の呉音は「タイ」、漢音は「テイ」。「病」の呉音は「ビョウ」、漢音は「ヘイ」。

3、日本における「慣用音」(中国の原音にはなく、日本語だけで通用する音)のほうが意味をとりやすいばあいは、慣用音を優先する。たとえば「月」の漢音は「ゲツ」で、「ガツ」は慣用音。「輸出」の「輸」は漢音で「シュ」だが、日本ではすべて「ユ」の音をあてている。

4、おなじ漢字でも、意味に応じて読み方が異なるばあいは、意味に合わせた読み方をとる。たとえば「楽」の字は、音楽のばあい「ガク」だが、「楽しむ」意味では「ラク」になる。「易」の字は、交易や易者のばあい「エキ」だが、容易のばあいは「イ」になる。

「説」のばあいは、三つの意味にわかれる——

①しこりや難点を、ことばでときあかす。呉音「セチ」、漢音「セツ」。たとえば、「解説」。

②説得する。呉音と漢音で「セイ」、慣用音だと「ゼイ・セツ」。たとえば「遊説」。

③心のしこりがとける、よろこぶ。呉音「エチ」、漢音「エツ」。「悦」におなじ。

藤堂明保『漢和大字典』学習研究社・参照

したがって、論語のつぎの文章では、振り仮名を使いわける必要がある。

説《セツ》之《シ》不《フ》以《イ》道《ドウ》、不《フ》説《エツ》也《ヤ》　之《これ》を説《と》くに道《みち》を以《も》ってせざれば、説《よろこ》ばざるなり。

『論語』子路

5、呉音、漢音、唐音、慣用音などが入り交じっていても、日本において熟語として読み方が定着しているなら、それをとる。たとえば「行脚」「行灯」は、唐音で「アンギャ」「アンドン」である。

もう一つ具体的な例として、「はじめに」で引用した『山行』を見ておこう。

山行　杜牧

遠上　寒山　石径斜
白雲　生処　有人家
停車　坐愛　楓林晩

山行《さんこう》　杜《と》牧《ぼく》

遠《とお》く寒山《かんざん》に上《のぼ》れば　石径斜《せっけいななめ》なり
白雲生《はくうんしよう》ずる処《ところ》　人家《じんか》有《あ》り
車《くるま》を停《と》めて　坐《そぞろ》に愛《あい》す楓林《ふうりん》の晩《くれ》

霜葉　紅於　二月花

霜葉《そうよう》は　二月《にがつ》の花《はな》よりも紅《くれない》なり

「遠上」――「遠」の呉音は「オン」、漢音は「エン」。「上」の呉音は「ジョウ」、漢音は「ショウ」。したがって「遠上」は呉音だと「オンジョウ」、漢音なら「エンショウ」になるはず。けれども日本語で「ショウ」と読む熟語（上人など）は少ないので、このばあいは、漢音と呉音がまじった「エンジョウ」にした。

「寒山」――表題の「山行」とおなじで、漢音なら「カンサン」になるが、日本式に濁点をつけて「カンザン」とした。

逆に二句目の「生」は、訓読みの「生ずる」という呉音とずれるが、漢音をとって「セイ」とした。

四句目の「於」は呉音で「オ」。漢音だと「ヨ」だが、日本でその読み方をすることはほとんどないので、「オ」に統一した。おなじく「二月」は、漢音なら本来「ジゲツ」だが、やはり日本語の読みを優先させて「ニガツ」とした。

ルールとはいっても、臨機応変の、かなり柔軟な（いい加減な？）ルールかもしれない。あくまで日本人のための、日本語のための漢文をめざす——それがわたしの、基本的な考え方である。

四字熟語集の利用

漢字の四字熟語は、千古の知恵がわずか四文字のなかに凝縮され、慣用句と、哲学、詩の結晶といってもいい。さまざまの四字熟語集や辞典が出ているので、できるだけ字体の大きなものを選ぶといいが、B５判ぐらいに拡大コピーしても、自分なりの音訓式素読テキストを簡単につくることができる。

たとえば、「一蓮托生」のばあい、「一蓮に生を托す」と読み下すこともできるが、わたしたち日本人はそのままの語順で直読している。後述する千字文もおなじだが、四字熟語のなかに音読み素読の原点があるのかもしれない。ひとつひとつ音読し、筆写することによって、日本語の力もつくし、ものごとを簡潔に把握する力をつちかえる。日本語を学んでいる外国人に、子ども向けの四字熟語学習書を贈ったら、非常に感謝された。四字熟語を利用して、自分でカルタもつくれる。

仏典と千字文《せんじもん》

音訓式素読のテキストを自らの手で用意するのは、七面倒くさいかもしれない。その点、すでにテキストが出来上がっていて、読み方の点でも安心できるのは、仏典ではなかろうか。たとえば『般若心経』はほとんどの宗派で用いる代表的なお経で、漢字にしてわずか二六二文字。世界の古典の一つといってよく、日本人として覚えておいて損はない。わたしの知るキリスト者でも、葬儀のために般若心経をおぼえている人がかなりいる。ちなみに、敬虔なカトリック信者であったマザー・テレサ(一九一〇—一九九七)は、患者の宗教ごとに、ヒンズー教徒ならヒンズー教、イスラム教徒ならイスラム教、仏教徒なら仏教のしきたりで、死を看取り、埋葬したという。

それから『法華経』(=妙法蓮華経)のばあいは、上段に音読みの仏典、下段に読み下し文が組んである版がどこでも手に入るので、漢字の音読みをいちいち調べる手間もはぶけるし、字体もかなり大きい。必要ならB5判ぐらいに拡大すれば、さらに使いやすくなる。音のひびきも、文学的な格調も高い。

若き日の宮沢賢治は、島地大等編『漢和対照　妙法蓮華経』(大正三年八月、明治

書院）に感動し、花巻農学校の教師になってからも、早朝から朗々と読経する賢治の声が聞こえてきたという。

『千字文』は漢字による「いろは歌」のようなものである。千の漢字が一字も重複することなく、二五〇組の四字熟語として並んでおり、堂々たる宇宙哲学を詩的なリズムで展開している。「文選読み」のテキストが残されているので、多少手を加えれば利用できないこともないが、わたしたちの音訓式とのちがいもある。たとえば冒頭部分を比べてみよう。

天地玄黄　テンチのあめつちは　グヱンクワウとくろく・きなり。
宇宙洪荒　ウチウのおほぞらは　コウクワウとおほいにおほきなり。
日月盈昃　ジツグヱツのひ・つきは　エイシヨクとみち・かく。
辰宿列張　シンシウのほしのやどりは　レツチヤウとつらなり・はる。

小川環樹・木田章義注解『千字文』岩波文庫

文選読みではこのように、二字ずつ音読みと訓読が細切れになっている。注釈としては丁寧かもしれないが、漢字を無理に訓読みするせいもあって、まわりくどく、リズムもととのいにくい。わたしたちの音訓式では、つぎのような読み方をする（二三八—二三九頁参照）。

天《テン》地《チ》玄《ゲン》黄《コウ》　天《てん》地《ち》は玄《げん》黄《こう》、

宇《ウ》宙《チユウ》洪《コウ》荒《コウ》　宇《う》宙《ちゅう》は洪《こう》荒《こう》なり。

日《ジッ》月《ゲッ》盈《エイ》昃《ショク》　日《じっ》月《げっ》は盈《み》ち昃《かたぶ》き、

辰《シン》宿《シユク》列《レッ》張《チヨウ》　辰《ほし》の宿《やど》は列《なら》び張《ひろ》がる。

あとがき

下手の横好きと言われても仕方ない。新聞、雑誌、テレビなど、料理に関する記事を見つけると、メモしたり切り抜いたりする習慣が、いつのころからか身についてしまった。かさむ一方の手帳やスクラップを整理しきれず、ほとんど埃をかぶっている。ところがいざ、本人が厨房に立つとどうなるか？ 腕まくりし、入念にレシピを再確認している姿をしり目に、女房どのが困ったような顔をする。味見をたのんで、率直な感想をたずねても、どこかしら上の空、曖昧な返事しかかえってこない。

今回は、三十一年前の自著を問いなおし、新たな視点も加えて書きなおすという、千載一遇のチャンスを与えられたわけだが、内心はらはら。かの日雇いコックとおなじく、ある種の戸惑いすらおぼえている。夜中に目覚め、寝ぼけまなこのまま、ドアやトイレの位置すらわからない心細さ……戸惑いというのは、まさにそのことだという。

しまりのない話で、閑話休題。だが著述と料理は、意外なほど似通っていないだろうか？　種々の素材をとりそろえ、きざんで、たたいて、のばし、温め、冷やし、まぜて、こねて、味をととのえ、しばらく寝かせて……。

「温故知新」ということばがある。出典は『論語』（為政）なので、例のごとく音訓式で全文を引用しておく。

子《シ》曰《エツ》、温《オン》故《コ》而《ジ》知《チ》新《シン》　子《し》曰《いわ》く、故《ふる》きを温《たず》ねて新《あたら》しきを知《し》る
可《カ》以《イ》為《イ》師《シ》矣《イ》　以《もっ》て師《し》たるべし

これは昔ながらの訓読みだが、藤堂明保編『学研漢和大事典』を見ると、この前半部分は——

「故きを温めて新しきを知れば」となっており、「古いもの、冷えたものを、もう一度あたためてよみ返らせる」という解説もついている。そのほか「温」に関する最近の解釈は、金谷治（岩波文庫）、木村英一（講談社文庫）、加地伸行（講談社学術文庫）など、ほぼ同じ。

貝塚茂樹の訳および訳注では、さらに踏みこんで——

先生がいわれた。

「煮つめてとっておいたスープを、もう一度あたためて飲むように、過去の伝統を、もう一度考えなおして新しい意味を知る、そんなことができる人にしてはじめて他人の師となることができるのだ」

〈故きを温めて〉「温」を朱子の新注で「たずねる」と訳しているが、意訳にすぎる。漢の鄭玄《ていげん》にしたがって、冷えた食物をあたためなおす意味にとるが、これが原義である。

『論語』中公文庫（傍点筆者）

過去の伝統・歴史・古典は、……もう一度あたため直さないと飲めないものです。あたため直すということは、もう一度現代に生かすということなのです。

『論語』講談社現代新書（傍点筆者）

つまり「たずねて」という読み方は、意訳のしすぎで、むしろ原義から（観念的・抽象的な方向に）それてしまう。文字どおり「あたためて」と読む方が原義に則しており、平明かつ含蓄に富む表現や、孔子の深い洞察が生きてくる。

素読という昔ながらのスープを、著者としても虚心坦懐に温めなおし、読者とともに味わいたいと心がけてきた。古典の奥深い味に、わずかなりと近づけたかどうか（賞味期限切れでないことを、ひたすら祈るのみ）。

へぼコックの腕まえ向上のためにも、忌憚なきご意見をお聞かせください。

二〇一七年八月十五日

安達 忠夫

【参考文献および問い合わせ先】

第一章

◎旧版『素読のすすめ』の内容を主婦向けに書き改めて、小冊子を上梓した。
安達忠夫『母と子の漢文語感教育法』創教出版
tel／06-6771-8901
これに付随して音訓式素読のための簡単な漢詩集テキストなども準備し、いまも多くの園で用いられている。問い合わせ先はいずれも――
(〒543-0076) 大阪市天王寺区下寺町1-1-30　パドマ幼稚園内
総合幼児教育研究会　本部事務局
tel／06-6771-6264
fax／06-6771-5943
◎シュリーマン『古代への情熱』村田数之亮訳、岩波文庫
◎湯川秀樹『旅人』角川文庫
◎貝塚茂樹『わが歳月』(著作集) 中央公論社
◎『南方熊楠全集』(第七巻) 平凡社

第二章

◎ヘボン『和英語林集成』講談社学術文庫
◎高梨健吉『文明開化の英語』藤森書店
◎スマイルズ『西国立志編』中村正直訳、講談社学術文庫
◎『明治啓蒙思想集』筑摩書房
◎ルソー『告白』桑原武夫訳、岩波文庫

第三章

◎藤堂明保『漢字とその文化圏』光生館
◎貝原益軒『養生訓・和俗童子訓』岩波文庫
◎山川菊栄『武家の女性』岩波文庫
◎杉本鉞子『武士の娘』大岩美代訳、ちくま文庫
◎金岡照光『仏教漢文の読み方』春秋社
◎岡田正三『漢文音読論』政経書院
◎田部井文雄／菅野禮行・注『標音唐詩三百首』大修館書店
◎CD『唐詩三百首』台湾・成都人民廣幡電台
◎高木亮一『漢字で入門　ハングル読本』南雲堂フェニックス

第四章
◎ダンテ『神曲』寿岳文章訳、集英社
◎マルー『古代教育文化史』横尾壮英ほか訳、岩波書店

第五章
◎シナゴーグの祈禱書。*Daily Prayer Book* (Ha-siddur ha-shalem), Philip Birnbaum, Hebrew Publishing Company, New York.
◎手島佑郎『ユダヤ教入門』エルサレム文庫
◎ゲルショム・ショーレム『ユダヤ神秘主義』山下肇ほか訳、法政大学出版局
◎ヘッセ『車輪の下』実吉捷郎訳、岩波文庫

第六章
◎松枝茂夫編『中国名詩選』（上中下）岩波文庫
◎鎌田正監修『漢文名作選』（全五巻）大修館書店
◎前野直彬注解『唐詩選』（上中下）岩波文庫
◎一海知義『漢詩一日一首』平凡社
◎諸橋轍次『中国古典名言事典』講談社
◎國弘正雄氏の著作としては、

『國弘流英語の話しかた』たちばな出版
『英会話・ぜったい・音読』講談社

◎日本の古文も素読の対象としてすぐれている。
山本健吉編『日本詩歌集　古典編』講談社
『大きな活字の新明解四字熟語辞典』三省堂

◎ギリシア・ラテン語の素読には、Loebその他、原典そのもののインターリニア版ないし、対訳版がいろいろあるが、ここでお勧めしたいのは、つぎの辞典である。
田中秀央／落合太郎・編著『ギリシア・ラテン引用語辞典』岩波書店

◎かるたについての問い合わせがしばしばあるが、ここに挙げたようなかるたは、現在すべて絶版。かるたはすぐ手に入らなくなるので、良いものを見つけたら「一期一会」、家族の団欒や子々孫々の楽しみのためにも、何セットか買い揃えておくことをお勧めする。友人や知人にプレゼントしておけば、子どもたちが集まったとき共通の楽しみができる。

本書は二〇〇四年一月二十六日、カナリア書房より刊行された『感性をきたえる素読のすすめ』を改題・改訂したものである。